Chary A. Alba Castro
Luciana Nascimento

TDAH
INCLUSÃO NAS ESCOLAS

Adequação da Classe Regular de Ensino para Alunos Portadores de TDAH
(Transtorno de Déficit de Atenção/Hiperatividade)

TDAH – Inclusão nas Escolas

Copyright© *Editora Ciência Moderna Ltda., 2009*
Todos os direitos para a língua portuguesa reservados pela EDITORA CIÊNCIA MODERNA LTDA.

De acordo com a Lei 9.610 de 19/2/1998, nenhuma parte deste livro poderá ser reproduzida, transmitida e gravada, por qualquer meio eletrônico, mecânico, por fotocópia e outros, sem a prévia áutorização, por escrito, da Editora.

Editor: Paulo André P. Marques
Produção Editorial: Camila Cabete Machado
Copidesque: Luiz Carlos Josephson
Capa: Márcio Carvalho
Diagramação: Janaína Salgueiro
Assistente Editorial: Aline Vieira Marques

Várias **Marcas Registradas** aparecem no decorrer deste livro. Mais do que simplesmente listar esses nomes e informar quem possui seus direitos de exploração, ou ainda imprimir os logotipos das mesmas, o editor declara estar utilizando tais nomes apenas para fins editoriais, em benefício exclusivo do dono da Marca Registrada, sem intenção de infringir as regras de sua utilização. Qualquer semelhança em nomes próprios e acontecimentos será mera coincidência.

FICHA CATALOGRÁFICA

CASTRO, Chary A. Alba; NASCIMENTO, Luciana.
TDAH – Inclusão nas Escolas
Rio de Janeiro: Editora Ciência Moderna Ltda., 2009

1. Psicologia. Comportamento.
I — Título

ISBN: 978-85-7393-855-5   CDD 150
                                                     150.1

Editora Ciência Moderna Ltda.
R. Alice Figueiredo, 46 – Riachuelo
Rio de Janeiro, RJ – Brasil   CEP: 20.950-150
Tel: (21) 2201-6662 / Fax: (21) 2201-6896
LCM@LCM.COM.BR
WWW.LCM.COM.BR   06/09

Ao meu pai (*in memorian*).
À minha mãe, Lourdes,
pelos anos de esforço e
luta para que pudesse
concretizar meus sonhos.

AGRADECIMENTOS

Agradecimentos ✱ VII

A Deus, que além de me dar a vida, também me deu a possibilidade de fazer escolhas.

Aos meus pais, Salvador (*in memorian*) e Lourdes, pelo modelo de vida e de amor, e aos meus irmãos, Fernando e Valter, pelo incentivo, pelo apoio e pelo suporte.

A Irene, minha cunhada, e ao meu sobrinho Daniel, pessoas tão especiais.

Ao Prof. Dr. José Salomão Schwartzman, minha eterna gratidão, por ter sido um orientador persistente e amigo, que acreditou no meu trabalho e, com muito respeito, competência e incentivo, me fez concluir esta empreitada.

Ao Dr. Carlos Felipe Bernardes Silva, minha eterna gratidão, pois sem sua ajuda este trabalho, sem dúvida, não estaria sendo concretizado.

À Drª. Lílian Bretones, grande amiga, que sempre colaborou e me auxiliou em vários momentos de minha vida, fazendo-me repensar e prosseguir.

À Luciana Nascimento, grande amiga, por não me deixar esmorecer e tornar possível um dos nossos sonhos.

Aos meus amigos, colegas e primos, Dr. Christian Luiz, Ricardo Mackenzie, Dra. Samara Catellani, Maria de Lourdes Neves, Dra. Raquel Moyses, Cida Nascimento, Jony, Irene, Marcelo Barroso, Maria Barroso, Gustavo Barroso, Rômulo Henrique, Silvana Biagioni, Izildinha, Cássia Silva, Walter Silva, Vânia Mafra, Solange Couto, Leila Maldanis, Lucia, Jeanete, Roberta Nascimento, Cleyton, Raquel, Giselle , Thercia Rodrigues, Marisa, Ana Valdice, Luzinete, Renata Passanante, Dra. Ana Paula, Sandra Helena, Gloria, Palmirinha, Jurani, Vera Santos, Daniela, Elizabeth, Meire, Marcos, Clarice Milani, Patricia Bezerra, Rosilda, Silmara Polin, Sandra M.

VIII ✳ TDAH - Inclusão nas escolas

Pereira, Sylvia Junqueira, Flávia Queriqueri, Francisca Dantas, Valéria Rossi, Marta Bernardes, Fabiana, Wilma Silva, Katia Bosco, Kelly Bosco, Creuzinha, Waldilene, Andréa Rosa, Cristiane Regina, Iara da Costa, Renato da Costa, Walter Silva, Cleide, Marli Cedro, Marisa Costa, Delza, Ana Maria e David, Priscilla Rissi, Marta Brito, Ana Carolina de Carvalho, Alejandra Bastia, Verônica Nery, Madalena Ferreira, Juliana Kinder, Rose Silva, Cida Ferreira, Sueli Barros, Bianca Fava, Renata Martins, Elaine Vedder, Maria José Cisneros, Marilo Cisneros, Erica Cristina, Carolina Gebara, Lorena Gebara, Valdir Silva, Andreia Silva, Roberto Silva, Valdemir Silva, Sandra Silva, Caroline Lima, Simone Gouvea, Renata Silze, Tiago Martins, Virginia, Ana Paula Bezerra, Andressa Bezerra, Adriano Bezerra, André Bezerra, Priscila Martins, Gabriela Martins, Vanderson Àvila, Valnia Grayce, Diogo Ramos, Carmem Ramos, Marina Vuletyc, Daniela Gonçalvez e Jefferson pela torcida

A todos meus familiares da Espanha, em especial a Juanma e Mari Angeles, também a Geraldo, Marilene, Carmem Laino, Maria José, Lourdinha, Marineide, Valéria Vuletyc, Claudio, Dayse, Aristotálys, Valéria Marques, José Alexandre, Aristides, João Alexandre, Jociel, Carlos Alexandre, Marcos Alexandre, Paulo Alexandre, Samir e a Marinalva Gebara, pelo incentivo à realização deste trabalho.

À Profª. Dra. Any Martins da Silva, pelo muito que me ensinou e, acima de tudo, pelo seu carinho e amizade.

A todas as pessoas, que fizeram parte até o então momento da minha vida e, que seja da forma que for, deixaram aprendizados.

SUMÁRIO

Sumário ✱ XI

Capítulo 1 - Apresentação do tema 1

Capítulo 2 - Quadro clínico do TDAH 9

2.1 O que é TDAH? 11

2.2 Porque é uma síndrome e não uma doença/distúrbio 17

2.3 Características 17

2.4 Avaliação 19

2.5 Diagnóstico 21

2.6 As interações de crianças com TDAH e seus pais 26

Capítulo 3 - TDAH e a escola 39

3.1 Qual a conduta adotada pela escola para atender as necessidades do alunado com TDAH? 41

3.2 Como os professores e alunos lidam com os portadores de TDAH em sala de aula 43

3.3 Como dissociar este aluno com TDAH do fracasso escolar? 55

Capítulo 4 - Novas perspectivas para os portadores de TDAH 59

4.1 Como deve ser a escola ideal para a criança com TDAH? . 61

4.2 Como os professores podem ser mais bem capacitados para lidar com o alunado com TDAH? 65

4.3 Quais as formas de preparar professores e alunos para lidar com a inclusão dos portadores de TDAH em sala de aula? 67

XII ✳ TDAH - Inclusão nas escolas

Capítulo 5 - O universo dos adultos com TDAH 71

Capítulo 6 - Da teoria à prática... 87

Capítulo 7 - Considerações finais.. 109

Referências bibliográficas 113

CAPÍTULO 1

APRESENTAÇÃO DO TEMA

Fruto de indagações a respeito de como de fato acontece a inclusão de alunos portadores de TDAH (Transtorno de Déficit de Atenção/Hiperatividade) no sistema de ensino regular no Brasil. Uma vez que muitas crianças são rotuladas com esse diagnóstico pelos professores em sala de aula.

Objetivando pesquisar as repercussões desse transtorno no âmbito social, familiar e principalmente no educacional, além de se possível desmistificar esta síndrome e suas complexidades. Pretendo também alertar quanto à necessidade destas pessoas em obter um diagnóstico precoce, caso contrário, as consequências serão inúmeras.

Infelizmente, sabemos que se trata de um transtorno que persiste até a vida adulta, portanto é preciso ter um olhar acolhedor para que os portadores não sejam marginalizados.

Outro aspecto relevante é que muitas pessoas, inclusive vários professores, desconhecem a condição do TDAH e como lidar com estes alunos em sala de aula. Neste caso, este livro visa auxiliar os pais, familiares, amigos e professores que convivem com crianças portadoras do Transtorno de Déficit de Atenção/Hiperatividade a obterem informações para que possam ao menos lidar de uma forma harmoniosa com esta situação.

Portanto, eis um levantamento bibliográfico dos últimos dez anos, tendo como referência o banco de dados Medline, Lilacs, além de livros de textos e artigos em periódicos utilizando como palavras-chave : TDAH, TDA, hiperatividade, transtorno de déficit de atenção/hiperatividade, ADAH, ADHD, ADD.

O referencial teórico adotado por esta pesquisa é baseado nas informações do Manual de Diagnóstico e Estatística de Transtornos Mentais, DSM-IV – 1994 e da Organização Mundial de Saúde (CID – 10 Classificação Internacional das Doenças, elaborada em 1992), além de outros trabalhos científicos.

4 ✳ TDAH - Inclusão nas escolas

Atualmente o termo TDAH (Transtorno de Déficit de Atenção/ Hiperatividade) é definido pela Associação Psiquiátrica Americana, na Quarta edição do Manual Diagnóstico e Estatístico de Transtornos Mentais (DSM – IV, 1994).

O TDAH, caracterizado por impulsividade, falta de atenção e hiperatividade, está sendo considerado um dos principais problemas crônicos na infância. (AAP – AMERICAN ACADEMY OF PEDIATRICS, 2000). De acordo com este critério, existiriam três tipos de TDAH: TDAH com predomínio de sintomas de desatenção, TDAH com predomínio de sintomas de hiperatividade/impulsividade e TDAH combinado.

Segundo Barkley (1990); Goldstein, S. e Goldstein, M. (1998), para que se possa fazer o diagnóstico, é fundamental utilizar os critérios internacionais estabelecidos pelo Manual de Diagnóstico e Estatística de Transtornos Mentais, DSM-IV (1994) e pela Classificação Internacional das Doenças, décima revisão, CID – 10 (1992).

É imprescindível que algum dos sintomas deva ter estado presente antes dos sete anos e que os sintomas atuais persistam por pelo menos seis meses (DSM-IV, 1994).

Segundo Wajnsztejn (2002), é fundamental que o diagnóstico seja definido o quanto antes, para que assim não ocorra um comprometimento ainda maior da criança, favorecendo também o encaminhamento para que ela possa beneficiar-se de um trabalho composto por psicólogos, fonoaudiólogos e terapeutas ocupacionais.

[...] Os casos suspeitos de TDAH devem ser encaminhados a profissionais com experiência no seu diagnóstico e tratamento. O psiquiatra, o neuropediatra ou as equipes interdisciplinares auxiliam nesta tarefa. É importante salientar que a figura do psiquiatra assume um papel importante quando o TDAH está associado a outros problemas emocionais [depressão, ansiedade, transtorno bipolar, transtorno opositivo-desafiador, transtornos de conduta, transtorno obsessivo-compulsivo] (ARAÚJO, 2002).

Muito embora os medicamentos estimulantes do sistema nervoso central sejam as drogas mais usadas no tratamento do Transtorno de Déficit de Atenção, várias outras categorias têm sido empregadas. Relacionamos a seguir as mais utilizadas. "[...] Os antidepressivos tricíclicos, antidepressivos inibidores da recaptação da serotonina, e outras drogas" (SCHWARTZMAN, 2001, p. 73).

Por outro lado, um fator relevante, que se soma aos benefícios diretos do metilfenidato (Ritalina), uma das drogas estimulantes no TDAH, deve-se ao seu efeito "antidependência". Realmente, as crianças que apresentam TDAH têm muito mais probabilidade de tornarem-se dependentes de outras drogas quando adultos; porém, quando tratados com o metilfenidato, esse risco futuro diminui significativamente em até 85% (BIEDERMAN et al., 1999 apud CARLINI et al., 2003).

Os estimulantes melhoram a atenção e a hiperatividade, porém não apresentam efeito direto sobre a ansiedade, inclusive podem causar irritabilidade, insônia, perda de peso e atraso no crescimento. Os antidepressivos atuam também sobre a ansiedade e a depressão, contudo, podem ocasionar arritmias e retenção urinária. A clonidina melhora principalmente a impulsividade, e seus efeitos colaterais incluem sedação, bradicardia e depressão (ARAÚJO, 2002).

Apesar do transtorno surgir na infância é comum que persista até a vida adulta como uma síndrome totalmente diagnosticável ou em uma forma atenuada ou residual. (DSM – III, 1980).

Conforme (Mattos et al., 2006):

> Estudos longitudinais demonstraram que o TDAH persiste na vida adulta em torno de 60% a 70% dos casos (Barkley et al., 2002), sendo as diferenças encontradas nas taxas de remissão mais bem atribuídas às diferentes definições de TDAH ao longo do tempo do que ao curso do transtorno ao longo da vida (Biederman et al., 2000) [...] (p.189).

Percebe-se uma alteração nos sintomas mais evidentes do transtorno conforme a faixa etária: nas crianças pré-escolares (três a seis anos), os sintomas mais evidentes são hiperatividade atrelada a dificuldades em tolerar limites e frustrações. Na idade escolar, podemos ter uma combinação bastante variável de sintomas na área da desatenção, da hiperatividade e da impulsividade e, por fim, na adolescência, os sintomas mais evidentes passam a ser a desatenção e a impulsividade (ROHDE; BENCZIK, 1999).

Segundo Barkley (2002, p. 114), é preciso salientar que entre 20% e 30% de crianças com TDAH apresentam pelo menos um tipo de deficiência de aprendizado (DA), em matemática, leitura ou ortografia. [...] Ambos os transtornos apresentam uma grande predisposição genética.

Sabemos que o desempenho escolar está atrelado a diversos fatores: características da escola (físicas, pedagógicas, qualificação do professor), da família (grau de escolaridade dos pais, presença dos pais e interação dos pais com escola e deveres) e do próprio indivíduo (ARAÚJO, 2002).

Curiosamente, apesar do mau desempenho escolar (MDE) reportar-se ao aprendizado escolar, não existem estudos sistemáticos investigando a relação entre MDE e as características de professores e da escola (PASTURA; MATTOS; ARAÚJO, 2005).

Na verdade o professor é de suma importância para que a criança tenha êxito na escola. Sendo assim, não é o nome do programa escolar no qual a criança se encontra, nem a localização da escola, nem mesmo se a escola é pública ou particular, nem mesmo o tamanho da classe. O que realmente importa é o professor, pois ele antecede a tudo isto. Portanto, é particularmente relevante a sua experiência em relação ao TDAH, e principalmente sua boa vontade para desempenhar esforços extras a fim de procurar compreender melhor a criança. E a partir daí contribuir para que ela tenha um ótimo ano escolar (BARKLEY, 2002).

No que diz respeito à dispersão, há uma aparente inabilidade em manter a atenção concentrada em uma determinada tarefa por um período de tempo longo. Com isto, estes indivíduos mudam frequentemente de atividade, pulando de uma para outra sem terminar nenhuma. Portanto, fazer certas tarefas escolares é um suplício, e alguns apenas conseguem fazer os deveres aos poucos, interrompendo seguidamente o trabalho. Os professores se referem a estes alunos como sonhadores: parece que estão sempre com a cabeça nas nuvens. [...] No entanto, é preciso salientar que conforme a atividade, por exemplo, jogar videogame, este é capaz de ficar totalmente imerso por horas a fio, mudando assim a sua capacidade de concentração, pois trata-se de uma atividade de seu interesse e de grande motivação (SCHWARTZMAN, 2001).

Uma relação professor-aluno positiva, ao contrário, pode melhorar as adaptações acadêmicas e sociais, não apenas a curto, mas também a longo prazo (BARKLEY, 2002, p. 235).

Segundo Wajnsztejn (2002), o papel do psicopedagogo, junto à escola, do professor e da equipe multiprofissional pode reunir as observações e, com a colaboração de todos, estabelecer metas e estratégias de intervenção na criança com TDAH e atender a uma necessidade real da multidisciplinaridade, tanto nos aspectos das dificuldades atuais, como na ação preventiva de possíveis futuras defasagens. O fato das crianças com TDAH apresentarem autoestima diminuída interfere diretamente na sua integração e na concretização do saber.

É importante salientar que este transtorno tem um grande impacto na vida da criança ou do adolescente e das pessoas com as quais convive (amigos, pais e professores). Afinal, pode levar a dificuldades emocionais, de relacionamento familiar e social, bem como a um baixo rendimento escolar. Muitas vezes é acompanhado de outros transtornos de saúde mental (ROHDE; BENCZIK, 1999).

As consequências envolvendo a vida do indivíduo, de sua família e a sua relação com a sociedade, teoricamente será maior quanto mais tarde as diferentes situações atreladas à dificuldade escolar forem abordadas. Estar ciente de uma desordem crônica irremediável favorece o preparo do ambiente familiar e social no sentido de oferecer ao indivíduo acometido a melhor qualidade de vida possível. Portanto, o reconhecimento precoce de situações que precisem de suporte favorece ao jovem, pois evita que complicações emocionais secundárias se instalem. A correção de tais problemas permite ao indivíduo o percurso da vida escolar em iguais condições que os demais (ARAÚJO, 2002).

CAPÍTULO 2

QUADRO CLÍNICO DO TDAH

2.1 O que é TDAH?

Na verdade, antes de definir o termo TDAH (Transtorno de Déficit de Atenção/Hiperatividade), gostaria de mencionar um breve histórico a respeito dessa nomenclatura. Segundo Rohde et al., em meados do séc. XIX, surgiram as primeiras referências aos transtornos hipercinéticos na literatura médica. A denominação "lesão cerebral mínima" surgiu na década de 40, porém, em 1962, foi alterada para "disfunção cerebral mínima" admitindo-se que as alterações características da síndrome se relacionavam mais a disfunções em vias nervosas do que propriamente a lesões.

A CID-10 e o DSM-IV são sistemas classificatórios modernos utilizados em psiquiatria, estes apresentam mais similaridades do que diferenças nas diretrizes diagnósticas para o transtorno, apesar de utilizarem nomenclaturas diferentes [Transtorno de Déficit de Atenção/Hiperatividade no DSM-IV e Transtornos Hipercinéticos na CID-10] (ROHDE et al., 2000).

Alguns sintomas do TDAH manifestam-se precocemente. Inquietude já no berço, crianças na pré-escola com mais energia que os demais da mesma faixa etária. É ao ingressar na escola que os sintomas se tornam mais evidentes, principalmente por serem prejudiciais e menos tolerados neste ambiente. Para aqueles que apresentam predomínio de desatenção, o comprometimento do desempenho escolar surgirá conforme aumentarem a quantidade e a complexidade do material didático, necessitando assim de maior memorização e atenção a detalhes (ARAÚJO, 2002).

Indicadores mais confiáveis do TDA surgem quando as crianças começam a andar. Na realidade, diversos especialistas acreditam que seja possível identificar entre 60% e 70% das crianças com TDAH na idade de dois a três anos. Contudo é preciso ressaltar que os indicadores predominantes não vão incluir a curta amplitude de atenção, uma vez que poucas crianças com dois anos de idade se concentram em qualquer coisa por muito tempo (PHELAN, 2005).

Os estudos nacionais e internacionais situam a prevalência do Transtorno de Déficit de Atenção/Hiperatividade (TDAH) entre 3% e 6%, sendo realizados com crianças em idade escolar na sua maioria. Certamente este transtorno causa um enorme impacto à sociedade, em decorrência de seu alto custo financeiro, do estresse das famílias, do prejuízo nas atividades acadêmicas e vocacionais, bem como efeitos negativos na autoestima das crianças e adolescentes (ROHDE et al., 2000).

Benczik (2000) considera que a prevalência tem sido estabelecida de acordo com diferentes variáveis, como a população estudada, métodos de avaliação empregados e critérios diagnósticos, entre outros fatores. A exemplo destas variáveis, a autora informa que os pais tendem a subestimar os sintomas, enquanto os professores superestimam os sinais, elevando a prevalência de TDAH para algo em torno de 15% a 20%, valores encontrados em outros estudos, como o que foi feito com crianças alemãs: 17,8%, americanas: 11,4% e brasileiras: 15,2%.

Em virtude de fracassos constantes, rotulações inadequadas e tantas outras dificuldades emocionais, as crianças com distúrbio do déficit de atenção (DDA) normalmente desenvolvem problemas referentes a autoimagem e autoestima [...] Gostar de si mesmo no decorrer da adolescência é uma tarefa árdua o bastante para qualquer criança, porém para a criança com DDA é especialmente difícil (HALLOWELL; RATEY, 1999).

Trata-se de um transtorno que raramente se manifesta de forma isolada, pois a maioria das crianças com TDAH em idade escolar apresentam pelo menos outro transtorno psiquiátrico. [...] Por isso, numerosas investigações mostram a importância de detectar o número de psicopatologias associadas ao TDAH, pois vão condicionar de uma grande forma os resultados a longo prazo, e são um determinante essencial na trajetória e no diagnóstico do transtorno (MULAS et al., 2002).

O TDAH, caracterizado por impulsividade, falta de atenção e hiperatividade, está sendo considerado um dos principais problemas crônicos na infância. (AAP – AMERICAN ACADEMY OF PEDIATRICS, 2000). De acordo com este critério, existiriam três tipos de TDAH: TDAH com predomínio de sintomas de desatenção, TDAH com predon nio de sintomas de hiperatividade/impulsividade e TDAH combinado.

O tipo com predomínio de sintomas de desatenção é mais frequente no sexo feminino e parece apresentar, conjuntamente com o tipo combinado, uma taxa mais elevada de prejuízo acadêmico. As crianças com TDAH com predomínio de sintomas de hiperatividade/impulsividade, por outro lado, são mais agressivas e impulsivas do que as crianças com os outros dois tipos, e tendem a apresentar altas taxas de impopularidade e rejeição pelos colegas . Embora sintomas de conduta de oposição e de desafio ocorram mais frequentemente em crianças com qualquer um dos tipos de TDAH do que em crianças normais, o tipo combinado está mais fortemente associado a esses comportamentos. Além disso, o tipo combinado apresenta também um maior prejuízo no funcionamento global, quando comparado aos dois outros grupos (ROHDE et al.,2000).

O estudo de genética do TDAH do National Institute of Mental Health demonstrou de forma clara que os sintomas de TDAH não são meramente expressão do quadro clínico de outros transtornos e representam uma comorbidade real (SOUZA et al., 2001).

Na verdade, vários estudos têm demonstrado uma alta taxa de comorbidade entre TDAH e abuso ou dependência de drogas na adolescência e, principalmente, na idade adulta [9% a 40%] (ROHDE et al., 2000).

A presença de comorbidade parece ser significativa no TDAH e pode sugerir a necessidade de entrevistas diagnósticas que abordem outros sintomas psíquicos e comportamentais do que aqueles unicamente relacionados àquele transtorno (SOUZA et al., 2001, p. 404-405).

14 ✳ TDAH - Inclusão nas escolas

O tratamento do TDAH é basicamente medicamentoso, ocasionando evidências robustas de superioridade da farmacoterapia em relação ao tratamento psicoterápico isolado (Multimodal Treatment Study of Children with ADHD [MTA], 1999). Sintomas considerados secundários (tais como o déficit na interação social, por exemplo) podem, contudo, frequentemente exigir uma abordagem psicoterápica, ou seja, a terapia cognitivo-comportamental (SEGENREICH; MATTOS, 2004).

A revisão da literatura indica que a venlafaxina, uma das drogas ISRN – inibidor seletivo de recaptura de serotonina e noradrenalina, é provavelmente uma das opções terapêuticas no tratamento do TDAH. Neste caso, seu uso pode ser principalmente útil nos casos de comorbidades, associada ou não aos psicoestimulantes, que ainda são considerados como medicamentos excelentes para tratamento do transtorno (GUITMANN; MATTOS; GENES, 2001),

De uma maneira geral, os medicamentos não curam o TDAH, porém ajudam a normalizar os neurotransmissores durante o seu emprego. Desta maneira, conseguimos reduzir as consequências negativas emocionais, acadêmicas e sociais destes indivíduos (ARAÚJO, 2002).

Cerca de 85% dos adultos se beneficiam de um dos diversos medicamentos utilizados para o DDA, porém nos outros 15% dos casos, por alguma razão, isso não acontece. Inclusive algumas pessoas sofrem efeitos colaterais considerados por elas intoleráveis; outras não reagem bem e não gostam da forma como se sentem utilizando a medicação. Algumas não querem tomar remédio algum. [...] O tratamento do DDA não se resume a remédios; educação, mudanças de comportamento, psicoterapia, todos esses fatores podem contribuir (HALLOWELL; RATEY, 1999).

Embora as causas precisas do TDAH não estejam esclarecidas, a influência de fatores genéticos é fortemente sugerida pelos estudos epidemiológicos, cujas evidências impulsionaram um grande número de investigações com genes candidatos. No entanto, os resultados são muito contraditórios, e nenhum desses genes, nem mesmo o DRD4 ou o DAT1, pode ser considerado como necessário ou suficiente ao desenvolvimento deste transtorno. Isto se deve a sua heterogeneidade ímpar, representada pela alta complexidade clínica da doença (ROMAN; ROHDE; HUTZ, 2001).

A conclusão do projeto humano do genoma e do projeto humano da diversidade do genoma nos dá o direito de questionar se a variação em um gene particular está correlacionada com a variação no comportamento, estrutura do cérebro, atividade do cérebro, etc. Estratégias que combinam o conhecimento bioquímico da formação da sinapse às medidas funcionais da estrutura cerebral podem conduzir a novos conhecimentos da psicologia do desenvolvimento cognitivo (FOSSELLA et al., 2003, p. 178).

A identificação dos possíveis genes de suscetibilidade é fundamental, uma vez que a informação está diretamente relacionada ao tratamento e à prevenção. Um maior conhecimento permitirá uma melhor caracterização de diferentes tipos da doença, determinando condições mais específicas, e, portanto, mais eficazes de tratamento. Além disso, a vulnerabilidade ao TDAH poderá ser detectada precocemente, desenvolvendo-se, assim, as estratégias de prevenção (ROMAN; ROHDE; HUTZ, 2001).

Benczik (2000, p. 31-32) aponta alguns outros fatores etiológicos como:

A. Hereditariedade: A contribuição genética é considerada substancial, de acordo com as pesquisas com famílias, gêmeos e adotados, e por análise de segregação complexa. Estudos com gêmeos indicaram uma herança bastante alta, chegando a 70% em algumas destas investigações. A prevalência do transtorno entre os parentes das crianças afetadas é de duas a dez vezes maior que na população como um todo.

16 * TDAH - Inclusão nas escolas

B. Substâncias ingeridas na gravidez: Sabe-se que a nicotina e o álcool podem causar alterações no cérebro do bebê que está em desenvolvimento, possibilitando que esta criança possa apresentar problemas como hiperatividade e desatenção.

C. Sofrimento fetal: o sofrimento fetal não é considerado em si uma causa para o transtorno, embora alguns casos tenham demonstrado uma chance maior de estas crianças apresentarem TDAH.

D. Exposição ao chumbo: Sabe-se que a intoxicação pelo chumbo funciona como um irritante do cérebro, e que uma criança pequena exposta a altos níveis de chumbo pode também apresentar TDAH.

E. Problemas familiares: Já foram considerados como possível causa, mas vêm sendo desconsiderados pelos estudos mais recentes, que sugerem que estes problemas possam desencadear desordens de saúde mental nas crianças, mas não causar o TDAH, que não seria um problema psicogênico.

Ao contrário das afirmações de Ben Feingold, a dieta alimentar não produz o Déficit de Atenção. Pesquisas sistemáticas não conseguiram dar consistência à ideia de que os corantes artificiais, os condimentos ou os salicilatos naturais são os desordeiros nutricionais que ocasionam o TDA ou Distúrbios de Aprendizado na maioria – ou até mesmo em uma expressiva minoria – das crianças [...] (PHELAN, 2005).

Segundo Petribú (1999), o tratamento é sintomático e não curativo, apesar do tratamento farmacológico (estimulantes ou antidepressivos) associados à psicoterapia oferecer aos portadores de TDAH uma melhor qualidade de vida.

2.2 Porque é uma síndrome e não uma doença/distúrbio

De acordo com o DSM IV, a síndrome de déficit de atenção/hiperatividade é um conjunto de sintomas e sinais. Afirma-se que o paciente sofre da condição se "um número" de sintomas estiver presente. Parafraseando o Dr. Paul Wender, o sistema classificatório é um tipo "poliético". Por exemplo, o transtorno estará presente caso dois dos sintomas A, B, C, D ou E estiverem presentes. Sendo assim, temos casos de pacientes com TDAH que apresentam o transtorno, no entanto, em condições diferentes. Neste caso, um deles pode ter os sintomas A e D, enquanto o outro, os sintomas B e C, A e B ou B e E, entre outras combinações (BIAGGI, 1996).

2.3 Características

A tríade sintomatológica clássica da síndrome caracteriza-se por desatenção, hiperatividade e impulsividade (ROHDE et al., 2000a).

Os sintomas da desatenção são: dificuldade de prestar atenção a detalhes ou errar por descuido em atividades escolares e de trabalho; dificuldade para manter a atenção em tarefas ou atividades lúdicas; parecer não escutar quando lhe dirigem a palavra; não seguir instruções e não terminar tarefas escolares, domésticas ou deveres profissionais; dificuldade em organizar tarefas e atividades; evitar, ou relutar, em envolver-se em tarefas que exijam esforço mental constante; perder coisas necessárias para tarefas ou atividades; e ser facilmente distraído por estímulos alheios à tarefa e apresentar esquecimentos em atividades diárias.

Já a hiperatividade se caracteriza desta forma: agitar as mãos ou os pés ou se remexer na cadeira; abandonar sua cadeira em sala de aula ou outras situações nas quais se espera que permaneça sentado; correr ou escalar em demasia, em situações nas quais isto é inapro-

18 ✱ TDAH - Inclusão nas escolas

priado; pela dificuldade em brincar ou envolver-se silenciosamente em atividades de lazer; estar frequentemente "a mil" ou muitas vezes agir como se estivesse "a todo o vapor"; e falar em demasia.

E os sintomas de impulsividade são: frequentemente dar respostas precipitadas antes das perguntas terem sido concluídas; com frequência ter dificuldade em esperar a sua vez; e frequentemente interromper ou se meter em assuntos de outros (ROHDE et al., 2000b).

É preciso estar atento a algumas pistas que indicam a presença do transtorno, tais como: **a)** duração dos sintomas de desatenção e/ou de hiperatividade/impulsividade. Normalmente, as crianças com TDAH apresentam uma história de vida desde a idade pré-escolar com a presença de sintomas, ou, pelo menos, um período de vários meses de sintomatologia intensa; **b)** frequência e intensidade dos sintomas. As pesquisas têm demonstrado que esses três sintomas – desatenção, hiperatividade/impulsividade – estão presentes em crianças normais, uma vez ou outra, ou até mesmo assiduamente em intensidade menor. Sendo assim, é fundamental que pelo menos seis sintomas de desatenção, e/ou seis dos sintomas de hiperatividade/impulsividade estejam presentes amiudamente (cada um dos sintomas) na vida da criança; **c)** persistência dos sintomas em vários locais e ao longo do tempo, ou seja, devem ocorrer em vários ambientes da vida da criança (por exemplo, escola e casa) e serem constantes ao longo do período avaliado; **d)** prejuízo clinicamente significativo para a vida da criança. Sintomas de hiperatividade ou de impulsividade sem prejuízo para a vida da criança podem traduzir muito mais estilos de funcionamento ou de temperamento do que um transtorno psiquiátrico; **e)** entendimento do significado do sintoma. Para o diagnóstico de TDAH, é necessária uma avaliação cuidadosa de cada sintoma e não somente a listagem de sintomas.

É importante mencionar que a apresentação clínica pode variar de acordo com o estágio do desenvolvimento (ROHDE et al., 2000c).

2.4 Avaliação

Com frequência crianças com DDA são capazes de concentrar-se muito bem no contexto a dois de um consultório médico; pois há estrutura e novidade, dois fatores que diminuem consideravelmente os sintomas do DDA. Inclusive o medo que às vezes uma criança sente num consultório médico pode aumentar a concentração, disfarçando os sintomas. Por esta razão é tão fácil um pediatra não diagnosticar o DDA; os sintomas não se manifestam no consultório. Na sala de aula você consegue um quadro mais verdadeiro (HALLOWELL; RATEY, 1999).

A princípio, o processo de avaliação diagnóstica envolve necessariamente a coleta de dados com os pais, com a criança e com a escola. Tanto na entrevista com os pais, quanto na com a criança, é essencial a pesquisa de sintomas relacionados com as comorbidades psiquiátricas mais prevalentes. Ao final da entrevista, deve-se ter uma ideia do funcionamento global da criança. A presença de sintomas na escola deve ser avaliada através de contato com os professores e não somente pelas informações dos pais, pois os últimos tendem a extrapolar informações sobre os sintomas em casa para o ambiente escolar (ROHDE et al., 2000).

Na primeira, segunda e terceira séries do ensino fundamental, as dificuldades de aprendizado podem começar a surgir, uma vez que um grande número de crianças com TDA também vai apresentar deficiência no aprendizado. As crianças portadoras de TDA geralmente apresentam problemas sérios com a caligrafia e, no caso de muitas delas, isso não é decorrência somente da pressa em fazer a lição. Na verdade, é também porque sua coordenação motora não é tão boa. A matemática, inclusive, parece exigir uma grande dose de concentração prolongada e, por isso, acaba sendo uma área em que diversas crianças com TDA apresentam dificuldade (PHELAN, 2005).

20 ✳ TDAH - Inclusão nas escolas

As crianças que apresentam TDAH demonstram dificuldade para manter a atenção em tarefas, distraem-se com facilidade e geralmente dão a impressão de não estarem escutando o que foi dito. Possuem também dificuldades de aprendizagem, que podem estar relacionadas com alguma alteração no processo auditivo central. [...] Portanto, deve-se incluir este tipo de avaliação na rotina audiológica delas (AU) (BERTOCHI; MATAS, 2000).

No entanto, existem outras avaliações complementares, normalmente se sugere: a) encaminhamento de escalas objetivas para a escola; b) avaliação neurológica; e c) testagem psicológica. Entre as escalas disponíveis para preenchimento por professores, apenas a escala de Conners, instrumento que pode fornecer dados sistematizados, ademais de proporcionar ao profissional uma melhor compreensão de quem vê a conduta como problemática e de como as diferenças percebidas em graus de desvios mudam em razão de efeitos do ambiente, oferece uma adequada avaliação de suas propriedades psicométricas em amostra brasileira. A avaliação neurológica é fundamental para a exclusão de patologias neurológicas que possam mimetizar o TDAH e, muitas vezes, é extremamente valiosa como reforço para o diagnóstico. Os dados provenientes do exame neurológico, principalmente a prova de persistência motora, somados aos dados clínicos, são importantes. [..] Outros testes neuropsicológicos (por exemplo, o Wisconsin Cart-Sorting Test ou o STROOP Test), assim como os exames de neuroimagem (tomografia, ressonância magnética ou SPECT cerebral), ainda fazem parte do ambiente de pesquisa, e não do clínico (ROHDE et al., 2000a).

2.5 DIAGNÓSTICO

O DSM-IV propõe a necessidade de pelo menos seis sintomas de desatenção e/ou seis sintomas de hiperatividade/impulsividade para o diagnóstico de TDAH. Entretanto, tem-se sugerido que esse limiar possa ser rebaixado para, talvez, cinco ou menos sintomas em adolescentes e adultos, pois estes podem continuar com um grau significativo de prejuízo do seu funcionamento global, mesmo com menos de seis sintomas de desatenção e/ou de hiperatividade/impulsividade. [...] É importante não se restringir tanto ao número de sintomas no diagnóstico de adolescentes, mas sim ao grau de prejuízo dos mesmos. O nível de prejuízo deve ser sempre avaliado a partir das potencialidades dos adolescentes e do grau de esforço necessário para a manutenção (ROHDE et al, 2000b).

Quando uma criança é brilhante e obtém boas notas, é comum não considerar a possibilidade do DDA, o que é um erro. Muitas crianças brilhantes possuem DDA [...] (HALLOWELL; RATEY, 1999).

Os sintomas de desatenção e/ou hiperatividade/impulsividade presentes por curtos períodos (dois a três meses) que surgem claramente após um desencadeante psicossocial (por exemplo, a separação dos pais) devem alertar o clínico para a possibilidade de que a desatenção, a hiperatividade ou a impulsividade sejam mais sintomas do que parte de um quadro de TDAH (ROHDE et al., 2004).

O DSM-IV e a CID-10 incluem um critério de idade de início dos sintomas causando prejuízo (antes dos sete anos) para o diagnóstico do transtorno. Entretanto, este critério é derivado apenas de opinião de comitê de *experts* no TDAH, sem qualquer evidência científica que sustente sua validade clínica. Recentemente, Rohde et al (2000) demonstraram que o padrão sintomatológico e de comorbidade com outros transtornos disruptivos do comportamento, bem como o prejuízo funcional, não é significativamente diferente entre adolescentes com o transtorno que apresentam idade de início dos sintomas causando prejuízo antes e depois dos sete anos. Ambos os

22 * TDAH - Inclusão nas escolas

grupos diferem do grupo de adolescentes sem o transtorno em todos os parâmetros mencionados. Sugere-se que o clínico não descarte a possibilidade do diagnóstico em pacientes que apresentem sintomas causando prejuízo apenas após os sete anos.

A desatenção e/ou hiperatividade/impulsividade são sintomas que devem estar presentes em vários ambientes da vida da criança (por exemplo, escola e casa) e manterem-se constantes ao longo do período avaliado. Sintomas que surgem somente em casa ou apenas na escola devem alertar o clínico para a possibilidade de que a desatenção, a hiperatividade ou a impulsividade possam ser apenas sintomas de uma situação familiar caótica ou até mesmo de um sistema de ensino inadequado. Assim como flutuações de sintomatologia com períodos assintomáticos não são características do TDAH (ROHDE et al., 2004).

Inúmeros fatores podem ocasionar mudanças substanciais no quadro de sintomas típicos do TDA e, em decorrência, impedir que crianças genuinamente portadoras de TDA sejam diagnosticadas. Esses fatores são: boas habilidades sociais, QI alto, timidez, ausência de irmãos ou situações a sós com os pais durante o período pré-escolar e o tipo desatento (PHELAN, 2005).

Os dois erros mais observados no processo de diagnose são realizar o diagnóstico com muita frequência e deixá-lo passar despercebido. O motivo mais comum que leva a falhas no diagnóstico é, a princípio, o desconhecimento do problema DDA por parte do profissional. Nem todo psicólogo, professor ou médico conhece o DDA, e mesmo aqueles profissionais que sabem a respeito podem não o perceber ao confiarem demasiadamente nos testes psicológicos. Ao mesmo tempo em que podem ser de grande ajuda, esses testes não são decisivos [...] O segundo erro mais comum no processo diagnóstico é o oposto do primeiro; é o de supervalorizar o DDA, enxergando-o em toda parte. Uma avaliação cautelosa deve considerar certo número de condições que devem assemelhar-se muito ao DDA [...] (HALLOWELL; RATEY, 1999).

A entrevista pós-diagnóstico estabelece a base para o futuro. Mediante um bom tratamento, os pais e as crianças podem aguardar um futuro de razoável sucesso e felicidade. Porém, com um tratamento ruim ou nenhum tratamento, os anos vindouros trarão cad; vez mais fracassos e insatisfação (PHELAN, 2005).

CRITÉRIOS DIAGNÓSTICOS, DSM-IV

TRANSTORNO DE DÉFICIT DE ATENÇÃO

" A. ou (1) ou (2)

(1) seis (ou mais) dos seguintes sintomas de desatenção persistindo por pelo menos seis meses em grau mal adaptativo e inconsistente com o nível de desenvolvimento;

(2) seis (ou mais) dos seguintes sintomas de hiperatividade persistindo por pelo menos seis meses, em grau mal adaptativo e inconsistente com o nível de desenvolvimento.

B. alguns sintomas de hiperatividade – impulsividade ou desatenção que causam prejuízo devem estar presentes antes dos sete anos de idade;

C. algum prejuízo causado pelos sintomas deve estar presente em dois ou mais contextos (escola, trabalho e em casa, por exemplo);

D. deve haver claras evidências de prejuízo clinicamente significativo no funcionamento social, acadêmico ou ocupacional;

E. os sintomas não ocorrem exclusivamente durante o curso de im transtorno invasivo do desenvolvimento, esquizofrenia ou outro transtorno psicótico e não são mais bem explicados por outro transtorno mental".

DESATENÇÃO

a) frequentemente deixa de prestar atenção a detalhes ou comete erros por descuido em atividades escolares, de trabalho ou outras;

b) com frequência tem dificuldade para manter a atenção em tarefas ou atividades lúdicas;

c) com frequência parece não escutar quando lhe dirigem a palavra;

d) com frequência não segue instruções e não termina seus deveres escolares, tarefas domésticas ou deveres profissionais;

e) com frequência tem dificuldade para organizar tarefas e atividades;

f) com frequência evita, antipatiza ou reluta em envolver-se em tarefas que exigem esforço mental constante;

g) com frequência perde coisas necessárias para tarefas ou atividades;

h) é facilmente distraído por estímulos alheios à tarefa;

i) com frequência apresenta esquecimento em atividades diária.

HIPERATIVIDADE

a) frequentemente agita as mãos ou os pés ou se remexe na cadeira;

b) frequentemente abandona sua cadeira em sala de aula ou em outras situações nas quais se espera que permaneça sentado;

c) frequentemente corre ou escala em demasia em situações nas quais isto é inapropriado;

d) com frequência tem dificuldade para brincar ou se envolver silenciosamente em atividades de lazer;

e) está frequentemente "a mil" ou muitas vezes age como se estivesse "a todo vapor";

f) frequentemente fala em demasia.

IMPULSIVIDADE

g) frequentemente dá respostas precipitadas antes de as perguntas terem sido completadas;

h) com frequência tem dificuldade para aguardar sua vez;

i) frequentemente interrompe ou se mete em assuntos de outros."

SUBTIPOS, DSM-IV

TRANSTORNO DE DÉFICIT DE ATENÇÃO

TIPO COMBINADO (314.01)

"seis (ou mais) sintomas de desatenção e seis (ou mais) sintomas de hiperatividade/impulsividade que persistem há pelo menos seis meses."

TIPO PREDOMINANTEMENTE

HIPERATIVO/IMPULSIVO (314.01)

"seis (ou mais) sintomas de hiperatividade/impulsividade e menos de seis sintomas de desatenção que persistem há pelo menos seis meses."

Tipo predominantemente Desatento (314.00)

"seis (ou mais) sintomas de desatenção e menos de seis sintomas de hiperatividade/impulsividade que persistem há pelo menos seis meses."

A seguir temos os possíveis distúrbios de comorbidade e a *porcentagem aproximada de crianças com TDA* que manifestarão esse problema (diagnosticado ou não) quando estiverem na metade de sua adolescência. Quando a porcentagem para meninos e meninas for diferente, ela será indicada [...]. *Transtorno de Desafio e Oposição* (meninos: 60%; meninas: 30%); *Transtorno de Conduta* (meninos: 25%; meninas: 8%); *Distúrbio de Ansiedade Múltipla* (30%); *Depressão Grave* (20%); *Distúrbio Bipolar* (10%); *Distúrbio de Tiques* (10% a 15%); *Distúrbio do Sono* (30%); *Distúrbio de Aprendizado* (meninos: 25% a 35%; meninas: 15%) (PHELAN, 2005a).

2.6 As interações de crianças com TDAH e seus pais

Ao lidar com crianças com TDA, assim como com outras crianças, é imprescindível pensar de maneira realista. Isso significa, por exemplo, "pensar TDA", Ou seja, *não esperar* comportamentos normais e apropriados para a idade de seu filho com TDA. Pensar TDA significa esperar muita hiperatividade, desorganização, barulho e intensa rivalidade entre irmãos e, ao mesmo tempo, administrar esses problemas da melhor forma possível (PHELAN, 2005b).

Benczik (2000, p. 80-81) ensina que os pais devem ser otimistas, pacientes e persistentes com o filho Não devem desanimar diante dos possíveis obstáculos.

Seguem algumas das dicas úteis aos pais:

- Reforçar o que há de melhor na criança.

- Não estabelecer comparações entre os filhos. Cada criança apresenta um comportamento diante da mesma situação.

- Procurar conversar sempre com a criança sobre como está se sentindo.

- Dar instruções diretas e claras, uma de cada vez, em um nível que a criança possa entender.

- Ensinar a criança a não interromper as suas atividades, tentar finalizar tudo aquilo que começa.

- Manter em casa um sistema de código ou sinal que seja entendido por todos os membros da família.

- Advertir construtivamente o comportamento inadequado, esclarecendo com a criança o que seria mais apropriado e esperado dela naquele momento.

- Usar um sistema de reforço imediato para todo o bom comportamento da criança.

- Estabelecer uma rotina diária clara e consistente (hora de almoço, jantar e dever de casa, por exemplo).

- Priorizar e focalizar o que é mais importante em determinadas situações.

- Manter limites claros e consistentes, relembrando-os regularmente.

- Organizar e arrumar o ambiente como um meio de otimizar as chances para o sucesso e evitar os conflitos.

28 ★ TDAH - Inclusão nas escolas

- Preparar a criança para qualquer mudança que altere a sua rotina, como festas, mudanças de escola ou de residência, etc.

- Escolher cuidadosamente a escola e a professora para que a criança possa obter sucesso no processo ensino-aprendizagem.

- Manter o ambiente doméstico o mais harmônico e o mais organizado possível.

- Reservar um espaço arejado e bem iluminado para a realização da lição de casa.

- Aprender a controlar a própria impaciência.

- Não sobrecarregar a criança com excesso de atividades extra-curriculares.

- Não exigir mais do que a criança pode dar; deve-se considerar a sua idade.

- Ensinar a criança meios para lidar com situações de conflito (pensar, raciocinar, chamar um adulto para intervir, esperar a sua vez).

- Não esperar "perfeição".

- Ter sempre um tempo disponível para interagir com a criança.

- Incentivar a criança a exercer uma atividade física regular.

- Estimular a independência e a autonomia da criança, considerando a sua idade.

- Estimular a criança a fazer e manter amizades.

- Incentivar as brincadeiras com jogos de regras, pois, além de ajudar a desenvolver a atenção, permitem que a criança se organize por meio de regras e limites, e aprenda a participar, ganhando, perdendo ou mesmo empatando.

Segundo Barkley (2002), os padrões de comportamento desatento, impulsivo e hiperativo de crianças com TDAH geralmente entram em conflito com a demanda que todos os pais devem receber de seus filhos. Muitas tarefas envolvem pesadas exigências sobre a habilidade de uma criança em manter a atenção. [...] Tanto as crianças como os pais contribuem para o crescente aumento do conflito, mas a criança contribui mais do que os pais poderiam imaginar. No entanto, é preciso que fique claro que as crianças não fazem isso intencionalmente.

É comum, em famílias em que o DDA é diagnosticado tardiamente – digamos no ensino médio em vez de no ensino fundamental –, os pais sentirem muita culpa e raiva. Acreditam-se culpados por não haverem descoberto antes e sentem raiva porque ninguém os avisou. Mantendo os problemas em perspectiva, é compreensível que o diagnóstico passe despercebido, afinal o conhecimento a respeito do DDA é ainda um tanto fragmentado nas escolas e entre muitos profissionais. Uma vez feito o diagnóstico, muitos pais necessitam de ajuda para superar sua própria confusão, da mesma forma, o filho precisa da ajuda de um profissional. O diagnóstico pode requerer uma revisão completa dos papéis familiares (HALLOWELL; RATEY, 1999).

É imprescindível aos pais estabelecer em casa normas de comportamento claras e definidas, evitar castigar excessivamente a criança, dispor de espaço físico com poucos fatores de distração (brinquedos, janela) para a realização dos deveres de casa, manter horários regrados (para os deveres, para as refeições, para dormir, para a diversão) (ARAÚJO, 2002).

Crianças com DDA são com frequência a fonte de contendas familiares e discórdias conjugais. Afinal os pais ficam tão raivosos e frustrados que perdem o controle, não somente com a criança, mas também um com o outro [...] (HALLOWELL; RATEY, 1999).

Segundo Rohde et al., (2000), muitas vezes é preciso um programa de treinamento para os pais, a fim de que aprendam a lidar com os sintomas dos filhos. Sendo assim, é fundamental que eles

30 ✳ TDAH - Inclusão nas escolas

conheçam as melhores estratégias para ajudar os seus filhos na organização e no planejamento das atividades. No caso, essas crianças precisam de um ambiente silencioso, consistente e sem maiores estímulos visuais para estudarem.

Os dois maiores erros que pais e professores cometem ao lidar com crianças são: 1) falar demais e 2) demonstrar emoções demais. [...] Portanto o corolário do que estamos dizendo é: se seu filho está fazendo algo que não lhe agrade, vá em frente e fique irritado para valer com o mau comportamento dele e, certamente, ele vai repeti-lo. Existem outros sistemas de disciplina além do método Mágico 1-2-3, porém você pode atrapalhar qualquer um deles se falar demais ou ficar muito agitado. Esses dois erros, na verdade, costumam andar de mãos dadas, e a emoção que geralmente está presente é a raiva (PHELAN, 2005).

Eis o sumário de alguns princípios de gerenciamento do DDA em famílias: (HALLOWELL; RATEY, p. 176-182, 1999).

VINTE E CINCO DICAS PARA A GERÊNCIA DO DDA EM FAMÍLIAS

1. Obtenha um diagnóstico preciso. Esse é o ponto de partida para todo o tratamento do DDA.

2. Eduque a família. Como primeira etapa do tratamento, todos os membros da família precisam aprender os fatos sobre o DDA. O processo educativo deve ocorrer com a família inteira, se possível. Cada membro terá dúvidas; assegure-se de que essas dúvidas sejam esclarecidas.

3. Tente mudar a "reputação" da pessoa com DDA na família. A reputação na família, assim como nas cidades e organizações, tende a manter uma pessoa em posição melhor. Redefinir o papel de uma pessoa com DDA na família pode estabelecer expectativas mais brilhantes. Se for esperado que você fracasse, provavelmente você vai fracassar. Se acharem que você será um sucesso, provavelmente você será um sucesso. Talvez seja difícil acreditar, mas o DDA pode

Quadro clínico do TDAH ✳ 31

ser mais um presente do que um peso. Tente observar e desenvolver os aspectos positivos da pessoa com DDA e trate de mudar as ideias de sua família para acentuar esses aspectos. Lembre-se: esses indivíduos trazem algo especial para a família – especialmente humor. Ele (ou ela) estimula todas as situações em que se envolve e, mesmo quando perturba, é excitante tê-lo por perto. Ele alegra a conversa e indica erros. Tem muito a oferecer, e a família, mais do que qualquer outro grupo de pessoas, pode ajudá-lo a desenvolver seu potencial.

4. Deixe claro que o DDA não é culpa de ninguém. Não é culpa da mãe ou do pai, da irmã ou do irmão, nem da avó ou da pessoa que tem DDA. Ninguém é culpado. É muito importante que todos os membros da família entendam isso e acreditem . Prolongar sentimentos de que o DDA é apenas uma desculpa para um comportamento irresponsável, ou causado pela preguiça, sabotará o tratamento.

5. Também deixe claro que o DDA é uma questão que envolve toda a família. Diferentemente do que acontece com alguns problemas médicos, o DDA atinge todos na família de uma forma significativa e diária. Afeta o comportamento de manhã, afeta o comportamento na mesa do jantar, afeta as férias e até os momentos de tranquilidade. Faça com que toda a família se torne parte da solução, do mesmo modo que cada membro é parte do problema.

6. Fique atento ao "equilíbrio na distribuição da atenção" familiar. Quando uma criança tem DDA, é comum que seus irmãos recebam menos atenção. A atenção pode ser negativa, mas a criança com DDA geralmente recebe mais do que o seu quinhão do tempo e atenção dos pais. Esse desequilíbrio pode gerar ressentimentos por parte dos irmãos, assim como pode privá-los do que necessitam. Tenha em mente que ser irmão ou irmã de alguém com DDA acarreta fardos especiais. Os irmãos precisam de oportunidade para expressar suas preocupações, ressentimentos e temores a respeito do que está acontecendo. Precisam ter permissão para sentir raiva tanto quanto para ajudar. Tome cuidado para não deixar que a distribuição de atenção numa família fique tão desequilibrada a ponto de

32 ✴ TDAH - Inclusão nas escolas

uma pessoa com DDA dominar toda a cena, definindo cada aconte-
cimento, influenciando cada movimento, determinando o que pode
e o que não pode ser feito, controlando o espetáculo.

7. Procure evitar a Grande Luta. A Grande Luta, um nó comum
em famílias em que o DDA está presente mas não é diagnosticado,
ou é diagnosticado mas não é tratado com sucesso, lança o filho
com DDA contra os pais, ou o adulto com DDA contra a esposa,
numa guerra diária de vontades. A negatividade que inunda a Grande Luta consome toda a família. Assim como a negação e a facilita-
ção podem caracterizar a família alcoólica, também a Grande Luta
pode caracterizar (e consumir) a família com DDA.

8. Pronto o diagnóstico e tendo a família entendido o que é
DDA, façam com que todos se reúnam e negociem uma estratégia.
Utilizando os princípios sublinhados anteriormente, procure nego-
ciar sua forma no sentido de um "plano de ação" do qual todos
na família possam participar. Para evitar o problema familiar da
Grande Luta ou uma guerra contínua, é uma boa ideia habituar-se
à negociação. Isso vai dar trabalho, mas com o tempo se consegue
chegar a alguns acordos. Os termos de qualquer acordo devem ser
bem explícitos; o ideal é que sejam registrados por escrito, para que
possam ser consultados quando necessário. Eles devem incluir a
concordância concreta de todas as partes quanto ao prometido, com
eventuais planos para os casos de se alcançarem ou não os objetivos.
Que a guerra termine com uma paz negociada.

9. Se a negociação em casa falhar, pense na possibilidade de procurar um terapeuta familiar, profissional com experiência em ajudar
os membros de uma família a ouvir uns aos outros e chegar a um
consenso. Já que as famílias podem ser explosivas, será de grande
auxílio ter um profissional por perto para manter as explosões sob
controle. Considere também a possibilidade de comprar um livro
para ajudar nas negociações, como o *Getting to Yes*, de Fisher e Ury.

Quadro clínico do TDAH * 33

10. No contexto da terapia familiar, a representação de papéis pode ajudar os membros da família a mostrar uns aos outros como se veem. As pessoas com DDA tendem a ter uma autopercepção muito ruim, e a observação de como os outros as veem pode ser uma forma vivida para destacar comportamentos de que possam não ter consciência em vez de serem relutantes em mudar. Vídeos também podem ser úteis nesse sentido.

11. Se você perceber que a Grande Luta está começando, trate de não se envolver com ela. Tente retroceder. Uma vez começada, é muito difícil sair. A melhor maneira de interrompê-la é, em primeiro lugar, não aderir a ela. Tome cuidado para que a luta não se torne uma força irresistível.

12. Dê a todos da família a oportunidade de expor sua opinião. O DDA afeta a todos, algumas vezes de forma silenciosa. Tente fazer com que os calados se manifestem.

13. Rompa o processo negativo, transformando-o em positivo. Aplauda e encoraje o êxito quando acontecer. Faça com que todos se movam em direção a metas positivas, que não fiquem pressupondo resultados negativos inevitáveis. Uma das tarefas mais difíceis que uma família enfrenta ao lidar com o DDA é seguir um caminho promissor. Quando se consegue isso, no entanto, os resultados podem ser fantásticos. Contrate um bom terapeuta familiar, um bom treinador, seja o que for – mas se esforce para construir abordagens positivas para o problema.

14. Deixe claro quem é o responsável pelo que se faz dentro da família. Cada um precisa saber o que se espera dele ou dela, quais são as regras e quais as consequências.

15. Como pai ou mãe, evite o padrão pernicioso de amar a criança num dia e odiá-la no outro. Hoje o seu filho o irrita e você o pune e rejeita; amanhã se deleita com ele, aplaude-o e o ama. Isso acontece com todas as crianças, mas é especialmente comum naquelas com DDA, que podem ser diabinhos num dia e verdadeiras jóias

34 ✳ TDAH - Inclusão nas escolas

em outro. Procure manter certa estabilidade frente a essas grandes flutuações. Se você oscilar tanto quanto a criança, o sistema familiar se tornará turbulento e imprevisível.

16. Arrume tempo para você e seu cônjuge debaterem o assunto. Tentem apresentar uma frente unida; quanto menos vocês forem manipulados, melhor. A constância ajuda no tratamento do DDA.

17. Não faça segredo do DDA para o restante da família. Não é algo de que você deva envergonhar-se, e quanto mais membros souberem, mais poderão ajudar. Além disso, não é improvável que algum deles tenha DDA e não saiba disso.

18. Tente delimitar as áreas de problema. Áreas típicas incluem o horário de estudar, o despertar, a hora de dormir, a de jantar, momentos de transição (sair de casa e outros), além das férias. Uma vez explicitamente identificada a área-problema, todos podem encará-la de forma construtiva. Negociem como fazê-lo da melhor maneira. Consultem um ao outro para sugestões específicas.

19. Promovam sessões familiares de livre debate. Quando não houver uma crise acontecendo, conversem a respeito de como lidar com uma área-problema. Estejam dispostos a experimentar tudo uma vez, para ver se funciona. Encarem os problemas como uma equipe, com atitude otimista.

20. Recorra ao *feedback* de fontes externas – professores, pediatra, terapeuta, outros pais e filhos. Às vezes uma pessoa não ouve ou acredita no que alguém da família diz, mas ouvirá se a opinião vier de fora.

21. Procure aceitar o DDA na família como aceitaria qualquer outra condição e esforce-se o máximo possível para que os demais membros da família encarem o DDA normalmente. Acostume-se, como faria em relação a talentos ou interesses especiais de um membro da família, como habilidades musicais ou atléticas, cujos desenvolvimentos pudessem afetar a rotina. Acostume-se ao DDA mas não deixe que ele domine a família. Em momentos de crise, isso

pode parecer impossível, mas lembre-se de que, por pior que seja, o momento não durará para sempre.

22. O DDA pode consumir uma família, mudando o relacionamento e fazendo com que um sinta raiva do outro. O tratamento pode levar um bom tempo para surtir efeito e por vezes a chave do sucesso é somente persistir *mantendo o senso de humor*. Embora seja difícil não desanimar, se as coisas simplesmente forem piorando, lembre-se de que o tratamento do DDA frequentemente parece ineficiente por períodos prolongados. Faça uma segunda consulta, consiga ajuda extra, mas não desista.

23. Nunca se preocupe sozinho. Tente cultivar o maior número possível de apoios – desde o pediatra ao médico da família, do terapeuta ao grupo de apoio, de amigos a parentes, de professores a escolas –, lance mão de quaisquer apoios que puder encontrar. É surpreendente como um grupo de apoio pode transformar um enorme obstáculo em um problema solucionável, e como você pode ajudar a manter a perspectiva. Você acabará dizendo: "Quer dizer que não somos a única família com esse problema?" Mesmo que isso não resolva a questão, fará com que seja mais gerenciável, menos estranha e assustadora. Procure apoio, nunca se preocupe sozinho.

24. Preste atenção aos limites e ao excesso de controle na família. As pessoas com DDA geralmente ultrapassam os limites sem ter a intenção. É importante que cada membro sinta que é um indivíduo, e nem sempre sujeito à vontade coletiva da família. Além disso, a existência do DDA na família pode afetar tanto o senso de controle dos pais que um deles pode tornar-se um pequeno tirano, insistindo com fanatismo em controlar tudo todo o tempo. Tal atitude de hipercontrole aumenta o nível de tensão na família e faz com que todos queiram se rebelar, além de dificultar o desenvolvimento da sensação de independência de que os membros da família precisam para atuar com eficiência fora do eixo familiar.

36 * TDAH - Inclusão nas escolas

25. Mantenha a esperança; ela é o pilar no tratamento do DDA. Escolha alguém para ouvir as más notícias, mas que também o anime. Tenha sempre em mente os aspectos positivos do DDA – energia, criatividade, intuição, generosidade – e lembre que muitas pessoas com DDA vivem muito bem. Quando o DDA parece estar levando você e sua família ao fundo do poço, pense: as coisas vão melhorar!

Para muitas crianças com TDA, problemas com colegas são uma parte importante de suas vidas. É comum dizer que as crianças portadoras de TDA com hiperatividade (Tipo Combinado) vão ser *rejeitadas*, enquanto as crianças com TDA sem hiperatividade (Tipo Desatento) serão *ignoradas*. Isto repercute muitas vezes num profundo desgosto para os pais dessas crianças (PHELAN, 2005).

Para Barkley (2002), estudos mostram que quando crianças com TDAH são submetidas a medicações estimulantes, o uso de ordens pelas mães, professores e colegas, a reprovação e o controle geral diminuem em relação às criança que não apresentam TDAH, e as interações se tornam geralmente mais positivas.

A preocupação dos pais com o tratamento com drogas é, muitas vezes, intensificada por dois motivos: 1) os mitos relacionados ao tratamento medicamentoso que ainda perduram e 2) o tratamento dado ao assunto pela TV, jornais, revistas e rádio. Dentre os mitos referentes à medicação estão as ideias de que os estimulantes não resolvem nada no caso do TDA, causam efeitos colaterais terríveis e irreversíveis, viciam, prejudicam o crescimento e não podem ser utilizados após o meio da adolescência (PHELAN, 2005).

Os principais efeitos comportamentais dos estimulantes envolvem maior atenção, menos impulsividade e diminuição na atividade motora irrelevante para a tarefa. Os alunos estão mais aptos a completar seus trabalhos escolares corretamente, demonstram ser mais obedientes no que diz respeito às regras da sala de aula e apresentam comportamentos menos agressivos. Estes alunos também podem apresentar melhora na caligrafia e nas habilidades motoras finais, assim como lograr maior aceitação por parte dos colegas [...] (DUPAUL; STONER, 2007).

A psicoterapia tradicional é muitas vezes indicada para pessoas com DDA por causa de problemas de autoestima, ansiedade e depressão que surgem com a síndrome. Enquanto o problema primário do DDA é mais bem tratado com estrutura, medicação e treinamento, os problemas secundários geralmente requerem psicoterapia continuada. É um erro tratar os problemas primários de atenção, distração, impulsividade e inquietude e dar pouca importância aos problemas secundários de autoestima, depressão e discórdias conjugais ou familiares (HALLOWELL; RATEY, 1999).

CAPÍTULO 3

TDAH E A ESCOLA

3.1 Qual a conduta adotada pela escola para atender as necessidades do alunado com TDAH?

Para Andrade (2002), as escolas não estão preparadas e, todavia, precisam aprender. Se mesmo aquelas famílias com alto poder aquisitivo, as quais, podem recorrer a escolas particulares, os pais e as crianças encontram problemas, imagine nas escolas públicas.

[...] A escola exige não apenas que o aluno fique parado, mas, também, que se concentre em assuntos geralmente considerados desinteressantes. "Chata" é certamente uma das palavras mais utilizadas por crianças com TDA para descrever a escola (PHELAN, 2005).

Infelizmente com a implantação da progressão continuada, ou seja, o aluno passa automaticamente de ano, independentemente do seu aprendizado não ter sido satisfatório. Neste caso, muitas crianças só descobrem que possuem o problema quando chegam à quinta-série e sequer sabem ler (ANDRADE, 2002).

Dizer a verdade à criança e à escola ajuda a desfazer o estigma que paira a respeito do DDA (HALLOWELL, RATEY, 1999).

DEZ DICAS PARA PAIS E PROFESSORES DE COMO EXPLICAR O DDA PARA AS CRIANÇAS (HALLOWELL, RATEY, p. 262-263, 1999).

1. Diga a verdade. Este é o princípio central de orientação. Em primeiro lugar, eduque a si mesmo a respeito do DDA e, então, coloque o que aprendeu com suas próprias palavras, usando palavras que a criança possa compreender. Não vá simplesmente entregar um livro à criança nem a encaminhar a um profissional para uma explicação. Após haver aprendido sobre o tema, explique-o a si mesmo, e, então, à criança. Seja direto, franco e claro.

42 * TDAH - Inclusão nas escolas

2. Use um vocabulário preciso. Não invente palavras vagas ou vazias, pois a criança carregará para onde quer que vá as explicações que você lhe der.

3. A metáfora da miopia é útil para explicar o DDA às crianças. Ela é bem clara e emocionalmente neutra.

4. Responda a perguntas. Peça que perguntem. Lembre-se de que muitas vezes as crianças fazem perguntas que não sabemos responder. Não tenha medo de dizer que não sabe e vá em busca da resposta certa. Livros escritos por profissionais que lidam com o DDA são boas fontes de informação; veja, por exemplo, o livro de Paul Wender, *Hyperactive Children, Adolescents and Adults*, e o de Russell Barkley, *Attention Déficit Hyperactivity Disorder*.

5. Deixe claro para a criança que o DDA não é estupidez, retardo, defeito, maldade etc.

6. Dê exemplos positivos, seja da história – como Thomas Edison – ou de sua experiência pessoal – como membro da família (mamãe ou papai?)

7. Se for possível, faça com que os outros saibam que a criança tem DDA. Faça com que os outros alunos da turma saibam (após haver discutido isso com a criança e seus pais), assim como o restante da família. Mais uma vez, a mensagem deve ser a de que não há nada a esconder ou de que se envergonhar.

8. Previna a criança para que não use o DDA como desculpa. Após compreender o que é o DDA, a maioria delas atravessa uma fase em que tenta usá-lo como desculpa. O DDA é uma explicação, não um pretexto. Elas continuam tendo de assumir a responsabilidade pelo que fazem.

9. Instrua os outros. Instrua pais e filhos em sala de aula. Instrua os demais membros da família. A única e mais forte das armas de que dispomos para garantir que a criança receba um tratamento apropriado é o conhecimento. Divulgue o conhecimento o mais que puder; ainda há muita ignorância e desinformação envolvendo o DDA.

10. Ensine a criança a esclarecer dúvidas que outras pessoas possam ter, especialmente outras crianças. O princípio orientador é o mesmo: diga a verdade. Você pode encenar uma situação em que uma criança implica com a outra, para poder prever e lidar com tal problema.

3.2 Como os professores e alunos lidam com os portadores de TDAH em sala de aula

[...] Atualmente, muitos professores não estão adequadamente preparados para lidar de fato com essas crianças, mesmo após frequentar oficinas ou consultar a literatura relevante (DUPAUL; STONER, 2007).

Segundo Andrade (2002), a bem da verdade, os professores estão sobrecarregados e não conseguem lidar com o assunto. Afinal de contas, lidam com diversos alunos que apresentam problemas e não podem se dedicar aos alunos portadores de TDAH. Aliás, diante de uma turma não inferior a 30 alunos, de fato é extremamente difícil um professor conseguir dar atenção individualizada e também acompanhar de perto as dificuldades de cada um. Neste caso, no estresse do dia a dia, mandar o bagunceiro para o corredor é, sem dúvida, a maneira mais fácil de restabelecer a ordem na sala.

As estatísticas referentes ao TDA demonstram que deve haver aproximadamente uma criança portadora desse transtorno em cada sala de aula com 20 a 25 crianças. Uma regra essencial para os professores é essa: jamais seja conhecido como o especialista em TDA de sua escola! A concentração de crianças com TDA na mesma sala de aula pode transformar o ano escolar em um pesadelo (PHELAN, 2005).

44 ✳ TDAH - Inclusão nas escolas

Benczik (2000, p. 45-46) diz que [...] em idade escolar, a criança apresenta diferentes comportamentos impulsivos e hiperativos. No entanto, na classe, a desatenção predomina, pois a criança, geralmente, parece não estar escutando, parece estar devaneando, e/ou preocupada enquanto se contorce ou se move inquietamente em sua cadeira.

Nenhum professor sente-se bem em admitir que não gosta de uma criança. No entanto, a realidade demonstra que existem diversas crianças com TDA de quem os professores, os terapeutas e/ou até os pais não gostam (PHELAN, 2005).

Mecanismos para propiciar apoio ao professor são considerados essenciais no tratamento de crianças com TDAH. Em virtude da frequência e da gravidade dos comportamentos diruptivos exibidos por esses estudantes, não é difícil vermos a frustração e a impotência dos professores enquanto tentam administrar suas salas de aula. Essas emoções devem ser esperadas e validadas pelos profissionais e pais que interagem com os professores [...] (DUPAUL; STONER, 2007).

De acordo com Ann Welch, professora de educação especial e consultora educacional da Virgínia, nos Estados Unidos, há duas regras básicas que podem ser aplicadas à sala de aula. Primeiro, as crianças estão na escola para trabalhar/aprender; há um trabalho a ser feito. Segundo, o comportamento da criança não pode interferir no trabalho/aprendizado das outras. As crianças portadoras de TDA do Tipo Desatento geralmente apresentam problemas com a primeira regra; já as crianças com TDA do Tipo Combinado têm problemas com ambas (PHELAN, 2005).

Para Benczik (2000), outro aspecto relevante é que, em situações de grupo, por exemplo, na sala de aula, a dificuldade para realizar atividades independentes, causam o maior estresse. [...]. O comportamento do aluno com TDAH é desigual, imprevisível e não reativo às intervenções normais do professor. Isto, muitas vezes, leva a interpretar o comportamento do jovem, como desobediente. Assim, o professor pressiona ainda mais, tendo como resultado a crescente frustração para ele próprio e para o aluno. O comportamento desse alunado tem um forte impacto sobre o comportamento do professor em relação à classe como um todo. Os alunos com problemas de atenção/hiperatividade, muitas vezes, são imaturos e incompetentes quando se trata de aptidões sociais. Até mesmo os seus maiores esforços fracassam.

Barkley (2002, p.107) considera que as habilidades de sentar quieto, atender, escutar, obedecer, inibir um comportamento impulsivo, cooperar, organizar ações e seguir completamente as instruções, bem como dividir, brincar de maneira adequada e interagir de forma agradável com outras crianças, são essenciais para conquistar uma carreira acadêmica de sucesso.

[...] Conforme o Grupo Profissional para TDA e Distúrbios Correlatos, 50% das crianças com TDA podem ter suas necessidades educacionais atendidas com sucesso mediante modificações na sala de aula. Em relação às crianças portadoras de TDA que precisam de educação especial, 85% conseguem ser mantidas com êxito em salas de aula normais por uma parte significativa de seu dia escolar. Aproximadamente 30% a 50% das crianças diagnosticadas como portadoras de TDA manifestam também outros problemas, como distúrbios de aprendizado, má coordenação olho-mão e baixa autoestima (PHELAN, 2005).

Os professores reconhecem o que muitos profissionais não fazem: que não há somente uma síndrome de DDA, porém diversas; que o DDA dificilmente ocorre em forma "pura", mas em geral surge enredado em vários outros problemas, como dificuldades específicas de aprendizagem ou estados de humor; que o aspecto do DDA é algo inconstante e imprevisível; e que o tratamento, a despeito do que se possa informar serenamente em vários textos, segue sendo uma tarefa árdua que exige grande dedicação.[...] As sugestões se destinam a professores e alunos de todas as idades.[...] (HALLO-WELL, RATEY, p. 304-312, 1999).

46 ✱ TDAH - Inclusão nas escolas

CINQUENTA SUGESTÕES PARA A GERÊNCIA DO DDA EM SALA DE AULA

1. Antes de tudo, certifique-se de que é realmente com o DDA que você está lidando. Definitivamente, não cabe ao professor diagnosticar o DDA, mas algumas questões podem e devem ser levantadas. Especificamente, certifique-se de que a criança teve sua visão e audição examinadas recentemente, e que outros problemas médicos tenham sido descartados. Assegure-se de que foi feita uma avaliação adequada e continue a perguntar até que se sinta plenamente convencido. A responsabilidade desse cuidado é dos pais e não dos professores, mas estes podem ajudar no processo.

2. Desenvolva seu mecanismo de autodefesa. Ser professor de uma turma com duas ou três crianças com DDA pode ser extremamente cansativo. Busque o apoio da escola e dos pais. Encontre uma pessoa com bom conhecimento do assunto, a quem você possa consultar quando tiver problemas. (Especialista em aprendizagem, psiquiatra infantil, assistente social, psicólogo da escola, pediatra – o título não interessa; o que importa é que a pessoa conheça bastante a respeito do DDA, que tenha tido contato com muitas crianças com DDA, que tenha intimidade com salas de aula e seja capaz de falar de forma clara e franca.) Mantenha contato com a família para assegurar-se de que estão se esforçando pelo mesmo objetivo.

3. Conheça seus limites. Não tenha medo de pedir ajuda. Como professor, não se espera que você seja um especialista em DDA. Você deve se sentir à vontade para pedir ajuda quando sentir que precisa.

4. Pergunte à criança o que pode ajudá-la. As crianças com DDA costumam ser muito intuitivas; se você perguntar, elas podem lhe dizer como conseguem aprender melhor. Muitas vezes elas se sentem constrangidas por dar a informação espontaneamente, pois podem parecer excêntricas. Tente, porém, sentar-se a sós com ela e perguntar-lhe como aprende melhor. Muitas vezes a própria criança é o mais intuitivo especialista quanto à forma mais eficiente de apren-

dizagem. É impressionante a frequência com que as opiniões das crianças são ignoradas, ou sequer solicitadas. Além disso, especialmente com crianças mais velhas, assegure-se de que elas entendam o que é o DDA. Isso facilitará as coisas para ambos.

5. Lembre-se do aspecto emocional do aprendizado. Essas crianças precisam de ajuda especial para encontrar prazer na sala de aula, conhecimento em vez de fracasso e frustração, estímulo em vez de tédio ou medo. É fundamental prestar atenção às emoções envolvidas no processo de aprendizagem.

6. Lembre-se de que crianças com DDA buscam limites. Elas precisam que o ambiente estruture o que não conseguem estruturar internamente por conta própria. Faça listas. As crianças com DDA se beneficiam muito quando têm uma tabela ou lista para servir de referência quando se sentem perdidas no que fazem. Elas precisam de lembretes e que as informações sejam muito repetidas . Precisam de instruções, limites, estrutura.

7. Estabeleça regras. Coloque-as por escrito em lugar bem visível. As crianças se sentirão confiantes sabendo o que se espera delas.

8. Repita as instruções. Escreva-as. Exponha-as. As pessoas com DDA precisam ouvir as coisas mais de uma vez.

9. Faça sempre contato visual. Você pode "trazer de volta" uma criança com DDA por meio do contato visual. Faça isso com assiduidade. Um olhar firme pode tirar uma criança de um devaneio, possibilitar uma pergunta ou simplesmente proporcionar uma confirmação silenciosa.

10. Faça com que a criança com DDA se sente próximo à sua mesa ou onde você passa a maior parte do tempo. Isso evita que a criança fique à deriva, o que constitui um tormento frequente para ela.

48 ✸ TDAH - Inclusão nas escolas

11. Estabeleça limites, fronteiras. Isso se destina a conter e amenizar, não a punir. Faça isso de forma coerente, previsível, com franqueza e prontidão. Não banque o advogado, recaindo em complicadas discussões sobre justiça. Essas longas discussões não passam de subterfúgio. Assuma o comando.

12. Tenha um cronograma essencialmente previsível. Afixe-o no quadro-negro ou na carteira da criança. Refira-se a ele com frequência. No caso de alterações – como fazem tantos professores interessantes –, avise e prepare bem a criança para isso, pois transições e mudanças são algo muito difícil para ela, e a deixam perturbada. Tome especial cuidado para preveni-la quanto às transições com bastante antecedência. Anuncie o que vai acontecer, repetindo várias vezes à medida que o tempo passa.

13. Tente ajudar as crianças a planejarem seus próprios horários após o fim das aulas, num esforço de evitar uma das marcas registradas do DDA: o adiamento.

14. Elimine ou reduza a regularidade de provas com tempo limitado. Não há grande importância educacional em provas com tempo restrito; elas nem sequer permitem que as crianças com DDA mostrem o que sabem.

15. Dê espaço para válvulas de escape, como sair da sala por alguns instantes. Se isso puder ser incluído nas regras da turma, possibilitará que a criança saia de sala, em vez de "perder a aula", começando assim a aprender importantes ferramentas de auto-observação e automodulação.

16. Em relação ao dever de casa, preocupe-se mais com a qualidade do que com a quantidade. As crianças com DDA com frequência precisam de uma redução na carga. Desde que estejam aprendendo os conceitos, devem ter permissão para tal. Elas irão dedicar a mesma quantidade de tempo ao estudo: só não terão de ficar arrancando os cabelos, sendo obrigadas a fazer mais do que lhes é possível.

17. Acompanhe constantemente o progresso. As crianças com DDA se beneficiam bastante com *feedbacks* frequentes, pois isto as ajuda a manter-se no rumo, faz com que saibam o que delas se espera e se estão atingindo suas metas, além de constituir um grande incentivo.

18. Subdivida grandes tarefas em tarefas menores. Essa é uma das fundamentais técnicas de ensino para crianças com DDA. Grandes tarefas facilmente oprimem a criança, fazendo com que retroceda com uma resposta emocional do tipo "nunca serei capaz de fazer isso". Subdividindo a tarefa em partes manejáveis, fazendo com que cada componente pareça pequeno o bastante para ser realizado, a criança pode esquivar-se à emoção de se sentir oprimida. Em geral essas crianças conseguem fazer muito mais do que imaginam, e com a subdivisão das tarefas o professor possibilita que elas provem isso a si mesmas. Tais medidas podem ser extremamente úteis com crianças menores, evitando acessos de raiva decorrentes de frustração antecipada. E, quanto às crianças maiores, isso pode ajudá-las a evitar a atitude derrotista que tantas vezes aparece em seu caminho.

19. Permita-se brincar, divertir-se, ser não convencional, brilhar. As pessoas com DDA adoram brincar, respondendo com entusiasmo. Ajuda a concentrar a atenção – tanto a da criança como a sua. O tratamento envolve tantas coisas cansativas – estrutura, cronogramas, listas e regras – que você vai querer mostrar que essas coisas não precisam estar relacionadas a ser uma pessoa chata, ou a ter uma vida escolar aborrecida. Se de vez em quando você puder bancar o bobo, isso ajudará bastante.

20. Mais uma vez, cuidado com o excesso de estímulos. Como água prestes a ferver, o DDA pode transbordar. É necessário saber abaixar o fogo rapidamente.

50 ✳ TDAH - Inclusão nas escolas

21. Procure e enfatize o sucesso o mais que puder. Essas crianças convivem com tanto fracasso, que precisam ser tratadas da forma mais positiva possível. Não há como exagerar a importância deste ponto: tais crianças precisam – e se beneficiam muito – de elogios. Adoram ser encorajadas. Bebem dessa fonte, crescem com isso, do contrário murcham e secam. Muitas vezes o aspecto mais devastador não é o DDA, em si, mas os danos secundários causados à autoestima. Portanto, alimente bem essas crianças com encorajamentos e elogios.

22. Para as crianças, a memória é muitas vezes um problema. Ensine a elas pequenos truques, como cartões para refrescar a memória etc. Elas costumam ter dificuldade com o que o dr. MelLevine, pediatra desenvolvimental e uma das grandes autoridades em problemas de aprendizagem, chama de "memória operante ativa", uma espécie de espaço disponível na mesa de sua mente. Qualquer pequeno truque que você puder imaginar – sugestões, rimas, códigos e coisas do tipo – pode ajudar bastante a melhorar a memória.

23. Use roteiros. Ensine a esboçar roteiros. Ensine a sublinhar. As crianças com DDA não aprendem com facilidade essas técnicas, mas, uma vez aprendidas, elas podem ajudar bastante, pois proporcionam estrutura e forma a seu aprendizado. Isso ajuda a dar à criança um senso de domínio durante o processo de aprendizado, que é quando ela mais precisa, em vez daquela vaga sensação de futilidade que com tanta frequência define a emoção embutida no processo de aprendizado dessas crianças.

24. Anuncie o que vai dizer, e então diga. Depois, repita o que disse. Uma vez que muitas crianças com DDA aprendem melhor visualmente, se, além de falar, você puder também escrever ou desenhar, será melhor ainda. Esse tipo de estrutura põe as ideias em seus devidos lugares.

25. Simplifique as instruções. Simplifique as escolhas. Simplifique as programações de horário. Quanto mais simples for o vocabulário, maior será a probabilidade de que ele seja aprendido. Use também a linguagem das cores. Assim como os códigos de cores, a linguagem das cores ajuda a prender a atenção.

26. Use um *feedback* para fazer com que a criança passe a se observar mais. As crianças com DDA tendem a ser auto-observadoras fracas. É comum não terem a menor ideia do que fizeram, ou de como têm se comportado. Tente passar-lhes essas informações de maneira construtiva. Faça perguntas do tipo: "Você sabe o que acabou de fazer?", ou "Como você poderia dizer isso de outra forma?" ou "Por que você acha que aquela garota pareceu ficar triste com o que você disse?" Faça perguntas que propiciem a auto-observação.

27. Explicite suas expectativas.

28. Um sistema de pontos é uma possibilidade como parte da mudança comportamental, ou um sistema de recompensas para crianças menores. As crianças com DDA respondem bem a recompensas e incentivos. Muitas delas são pequenos empreendedores.

29. Se a criança tiver dificuldade em ler os sinais sociais – a linguagem do corpo, o tom de voz, o *timing* e outras coisas do gênero –, tente oferecer discretamente conselhos específicos e explícitos, como uma espécie de treinamento social. Por exemplo, diga:"Antes de contar a sua história, peça para ouvir a do seu amigo" ou "Olhe para a outra pessoa quando ela estiver falando". Muitas crianças com DDA são consideradas indiferentes ou egoístas, quando, na verdade, apenas não aprenderam a se relacionar. Essa habilidade não se desenvolve naturalmente em todas as crianças, mas pode ser ensinada ou treinada.

52 ∗ TDAH - Inclusão nas escolas

30. Ensine algo a respeito de fazer provas.

31. Invente jogos com atividades cotidianas. A motivação ajuda ¹ melhorar quem tem DDA.

32. Separe pares e trios, até mesmo grupos inteiros, que não se entendem quando juntos. Pode ser que você tenha de tentar vários arranjos.

33. Fique atento para que as atividades estejam relacionadas. Essas crianças precisam sentir-se envolvidas. Assim, elas se sentirão motivadas, o que diminuirá a probabilidade de se desligarem.

34. Dê responsabilidades à criança quando possível. Deixe que ela descubra seu próprio método de lembrar o que pôr na mochila, ou que lhe peça ajuda, em vez de ficar dizendo que ela precisa de ajuda.

35. Experimente uma caderneta de anotações de casa para a escola e da escola para casa. Isso pode realmente contribuir para a comunicação diária entre professor e pais, evitando assim reuniões para tratar de crises. Também é útil por dar o *feedback* de que tanto precisam essas crianças.

36. Procure usar boletins diários. Esses podem ser entregues à criança em mãos para dar a seus pais, ou, se a criança for mais velha, podem ser lidos diretamente para ela. Tais relatórios não se propõem a disciplinar, mas, sim, a dar informação, a proporcionar um incentivo.

37. Artifícios físicos, como relógios e despertadores, podem ser úteis para a autodisciplina. Por exemplo, se uma criança não consegue se lembrar da hora de tomar o remédio, um alarme de pulso pode ajudar, em vez da transferência de responsabilidade para o professor. Ou, então, durante o horário de estudo, um relógio, colocado em sua carteira, ajudará a criança a saber exatamente a progressão das horas.

TDAH e a escola * 53

38. Prepare-se para lidar com situações imprevistas de horário. Essas crianças precisam saber com antecedência o que vai acontecer, de modo a poderem se preparar internamente. Se, de repente, lhe é dado um tempo vago, isso pode ser estimulante em excesso.

39. Elogie, afague, aprove, incentive, nutra.

40. Com crianças mais velhas, sugira que escrevam pequenas notas para si mesmas, para lembrarem suas dúvidas sobre o que está sendo ensinado. Em essência, elas podem tomar notas não apenas sobre o que está sendo ensinado, mas sobre o que estão pensando. Isso ajudará a fazer com que prestem mais atenção.

41. Para muitas dessas crianças, é difícil escrever à mão. Considere a possibilidade de desenvolver alternativas. Sugira que aprendam digitação. Pense na possibilidade de ministrar algumas provas orais.

42. Aja como se conduzisse uma sinfonia. Conquiste a atenção da orquestra antes de começar. (Você pode usar para isso o silêncio ou tamborilar com sua batuta.) Mantenha os grupos "no tempo certo", apontando para diferentes partes da sala à medida que precisarem da ajuda deles.

43. Quando possível, faça com que os alunos tenham um "companheiro de estudos" para cada matéria, com número do telefone (adaptação de uma ideia de Gary Smith, que escreveu uma excelente série de sugestões sobre a gerência de turmas).

44. Para evitar o estigma, explique a questão ao resto da turma, normalizando o tratamento que a criança recebe.

45. Tenha encontros regulares com os pais. Evite a tendência de só convocar reuniões quando houver problemas ou crise.

46. Incentive a criança a ler em voz alta em casa. Leia em voz alta na sala de aula sempre que possível. Conte histórias. Ajude a criança a desenvolver a habilidade de se deter em um tópico.

54 ✱ TDAH - Inclusão nas escolas

47. Repita, repita, repita.

48. Incentive a criança a fazer exercícios físicos. Os exercícios – de preferência os vigorosos – constituem um dos melhores tratamentos para o DDA, tanto em crianças como em adultos. Exercitar-se atenua o excesso de energia, ajuda a concentração e estimula certos hormônios e processos neuroquímicos benéficos. Sugira exercícios divertidos: podem ser esportes coletivos, como o vôlei e o futebol, ou exercícios individuais que a criança pode fazer sozinha, como nadar, pular corda ou praticar o *jogging*.

49. Com crianças mais velhas, dê ênfase à preparação antes da aula. Quanto melhor for a ideia que a criança tiver do que será discutido em determinado dia, maior será a probabilidade de que domine o assunto em sala.

50. Esteja sempre preparado para momentos de brilho. Essas crianças são muito mais talentosas, têm muito mais dons do que se pensa. São cheias de criatividade, ludismo, espontaneidade e entusiasmo. Tendem a ser resistentes, sempre se levantando dos baques. Tendem a ser generosas e prestativas. Elas costumam ter "algo especial" que enriquece qualquer ambiente onde estejam. Lembre-se de que há uma melodia no interior dessa cacofonia, uma sinfonia que ainda não foi composta.

As crianças portadoras de TDA são notoriamente "sensíveis ao professor". Sendo assim, a pessoa responsável pela sala de aula pode causar um efeito maravilhoso – ou devastador – em relação ao tipo de ano escolar que elas vão ter (PHELAN, 2005).

3.3 Como dissociar este aluno com TDAH do fracasso escolar?

Segundo Benczik (2000), sabemos que um bom desempenho escolar está atrelado cada vez mais à capacidade do aluno em se concentrar durante longos períodos de tempo, de ficar sentado quieto, de ficar fazendo a lição e esperar meses até receber um boletim escolar como recompensa pelas centenas de horas de trabalho. Sendo assim, é importante que pais, professores e profissionais, que lidam com esse tipo de criança, reconheçam o mecanismo do nosso sistema educacional e os motivos pelos quais os alunos possuem uma alta probabilidade de não satisfazer as exigências da sala de aula.

Na realidade, alguns estudos mostraram que, para a maioria das crianças tratadas, o medicamento estimulante pode gerar mudanças no alcance da atenção e na produtividade acadêmica, de maneira que os níveis de funcionamento nessas áreas não sejam mais diferentes dos de seus colegas. Contudo, é importante ressaltar que esses medicamentos não "curam" o TDAH, portanto uma criança com TDAH apresentará "altos e baixos" normais em seu controle comportamental, apesar de apresentar resposta positiva ao medicamento. [...] (DUPAUL; STONER, 2007).

Belfort (1999)considera que um aspecto que deve ser considerado se refere às falhas ou problemas específicos na aprendizagem, podendo apresentar comprometimentos nas habilidades ou aquisições de destrezas na leitura, cálculo e escrita. Sendo isso sustentado pela presença de problemas de aprendizagem específicos, no caso, em 25% das crianças com ADD com ou sem hiperatividade. Desta forma, deve-se sugerir, para inclusão no âmbito escolar, a implantação de programas educativos, auxiliares ou técnicas de reforçamento positivo.

56 ✴ TDAH - Inclusão nas escolas

Para Benczik (2002), outro ponto crucial é que o sistema de ensino atual e algumas pedagogias existentes tentam "padronizar" os alunos, consequentemente acreditam que todos devem corresponder do mesmo modo, sendo assim, aquele que é "diferente" ou tem outro ritmo de aprendizagem é visto como "aluno-problema" ou com "dificuldade de aprendizagem".

Alunos com TDAH constantemente apresentam dificuldades nas áreas do comportamento em sala de aula, desempenho acadêmico e conquista acadêmica. Aumentar a probabilidade de êxito escolar para cada aluno exige uma variedade de estratégias comportamentais, instrucionais e de aprendizagem visando à prevenção e ao manejo dos problemas nessas áreas [...] Além de pesquisas adicionais sobre enfoques promissores de intervenção, defrontamo-nos com o desafio de integrar as diversas estratégias a programas de tratamento que se norteiam pelas necessidades dos alunos individuais, de forma que todos os estudantes com TDAH possam ter êxito na escola (DUPAUL; STONER, 2007).

Segundo Schwartzman (2001), embora o TDA/H possa estar vinculado às dificuldades na aprendizagem escolar, está associação não é plena, já que os indivíduos com TDA/H apresentam dificuldades de aprendizagem escolar em 20% a 80% dos casos, enquanto as dificuldades de aprendizagem escolar ocorrem em 10% a 43% dos casos de TDA/H.

Para Barkley (2002), essas crianças apresentam, pelo menos, dois problemas principais com o trabalho escolar: (1) Não conseguem realizar o mesmo que as outras crianças fazem ou o que seria esperado por suas conhecidas habilidades, sendo assim, terão notas menores e repetências mais frequentemente. (2) Seu nível de habilidades é inferior ao das crianças sem TDAH e pode regredir ainda mais durante os anos escolares. Consequentemente, não é surpresa verificar que 40% ou mais de crianças com TDAH podem, ocasionalmente, ser incluídas em programas de educação especial para crianças com deficiência de aprendizado ou para crianças com transtorno comportamental. [...].

Para Barkley (2002), crianças com TDAH representam, normalmente, o espectro completo de desenvolvimento intelectual. [...]. No caso, crianças que apresentam TDAH ficam, aproximadamente, 7 a 10 pontos abaixo nos testes de inteligência, se comparadas a outras, porém essa diferença se deve mais provavelmente ao reflexo dos problemas impostos pelo TDAH nas habilidades de realizar testes do que na própria inteligência.

O fato de os problemas acadêmicos estarem regularmente associados ao TDAH tem implicações diretas na avaliação e no tratamento desses alunos. Sendo assim, a avaliação de TDAH não pode ser direcionada somente às dificuldades de controle de comportamento, mas, também, precisa incluir medições do desempenho acadêmico. No caso, de crianças com TDAH e déficit nas habilidades acadêmicas ao mesmo tempo, o tratamento deve ser direcionado para o alívio dos dois problemas simultaneamente [...] Por fim, as diretrizes federais dispõem de oferta de serviços de educação especial para crianças portadoras de TDAH quando estas reúnem os critérios para deficiência de aprendizagem, perturbação emocional ou outra deficiência relacionada à saúde que limite o desempenho educacional [...] (DUPAUL; STONER, 2007).

Conheço casos de diversas crianças com TDA que passaram um ano inteiro sem ir tão mal na escola. Quando isto acontece, geralmente se deve a um efeito muito positivo de "interação com o professor" (PHELAN, 2005).

CAPÍTULO 4

NOVAS PERSPECTIVAS PARA OS PORTADORES DE TDAH

4.1 Como deve ser a escola ideal para a criança com TDAH?

Segundo Benczik (2002), um dos passos fundamentais para ajudar a criança com TDAH no seu ajustamento educacional é, sem dúvida, a escolha do tipo de escola. No entanto, é preciso levar em conta que não há muitas opções quanto à variedade de escolas em determinadas cidades. Nesse caso, deve-se optar pela melhor entre as disponíveis. A literatura sobre TDAH aponta alguns aspectos relevantes que devem ser analisados quanto à escolha da escola, entre eles:

1. Deve-se discutir com a equipe escolar a respeito do conhecimento que ela possui sobre TDAH, o que e como a escola faz para receber tais alunos.

2. Outro aspecto importante é levar em conta o tamanho da classe. Neste caso, o tamanho ideal é aquele que comporta entre doze e quinze alunos. Questionar se os professores recebem treinamento e suporte extra de outros profissionais, como pedagogos, psicopedagogos e/ou psicólogos.

3. Verificar qual a posição da escola a respeito do uso de medicação, ou seja, que procedimentos a escola utiliza para a sua administração, se acredita em seu benefício ou não.

4. Verificar se a escola apresenta uma política para ações disciplinares. Quais as medidas que a escola poderá adotar para auxiliar a criança a não cometer erros no lugar de simplesmente aplicar punições.

5. Verificar como se dá à interação entre família e escola. Existe algum meio pelo qual os professores podem advertir os pais diariamente quanto às principais dificuldades enfrentadas pela criança? No caso, isto poderia ser feito mediante comentários no próprio caderno da criança, em uma agenda, ou, ainda, pessoalmente no final da aula. Esta comunicação entre família-escola é de suma importância, pois é uma forma de manter pais e professores informados sobre o desempenho diário da criança.

62 ✳ TDAH - Inclusão nas escolas

6. Outro aspecto relevante é verificar se a escola e os professores são receptivos aos profissionais que acompanham a criança, a fim de que possam, juntos, discutir o programa educacional e as possíveis recomendações. Caso a escola e os professores agirem de forma defensiva aos outros profissionais, é recomendável procurar outra escola.

7. Deve-se questionar se há outras crianças na classe com outras dificuldades, tais como: de aprendizagem, de comportamento ou emocionais. Caso a classe tenha mais do que duas ou três crianças com problemas, deve-se solicitar outra classe, ou, ainda, outra escola.

Um dos maiores riscos enfrentados pelos adolescentes com TDAH resume-se na perda do interesse pela educação, ocasionando o abandono precoce da escola. Sendo assim, ajudar a criança a ter expectativas e a planejar o futuro pode gerar interesse pela escola, ainda que esse interesse esteja restrito a somente algumas matérias. A partir dos últimos anos do ensino fundamental, prosseguindo durante cada uma das séries do ensino médio, os estudantes com TDAH precisam encontrar-se frequentemente com os orientadores pedagógicos ou outros profissionais, de modo a receber uma avaliação contínua e programas relacionados a aspirações vocacionais ou educacionais (DUPAUL; STONER, 2007).

Para Benczik (2002), na verdade, a escola ideal para as crianças que apresentam TDAH é aquela que valoriza o desenvolvimento global do aluno. Sendo assim, reconhece e respeita as diferenças individuais, valoriza e promove o desenvolvimento da criatividade e da espontaneidade.

A avaliação do TDAH baseada na escola envolve diversas técnicas de avaliação utilizadas em uma variedade de contextos e compreendendo várias fontes de informações. Após o encaminhamento de uma criança por um professor para avaliação de possível TDAH, o jovem é conduzido a uma análise que envolve cinco estágios: (1) triagem de sintomas de TDAH; (2) avaliação multimodal; (3) inter-

Novas perspectivas para os portadores de TDAH ✴ 63

pretação dos resultados para chegar a uma decisão de classificação; (4) desenvolvimento de um plano de tratamento; e (5) avaliação contínua do programa de intervenção. A finalidade da avaliação não é somente chegar a um diagnóstico de TDAH, porém determinar um plano de intervenção com probabilidade de ser bem-sucedido com base nas informações coletadas. [...] É importante ressaltar que os dados da avaliação são coletados continuamente, ao longo de todo o tratamento, para determinar a eficácia e/ou as limitações do programa de intervenção (DUPAUL; STONER, 2007).

AVALIAÇÃO DO TDAH NAS ESCOLAS

QUEIXA DO PROFESSOR SOBRE DESATENÇÃO, IMPULSIVIDADE E/OU HIPERATIVIDADE DO ALUNO

↓

1º. ESTÁGIO

TRIAGEM

Classificação dos sintomas de TDAH pelo professor

↓

2º. ESTÁGIO

AVALIAÇÃO MULTIMODAL

Entrevistas com pais e professores

Avaliação de registros escolares

Escalas de avaliação do comportamento

Observações do comportamento na escola

Dados de desempenho acadêmico

↓

64 ✳ TDAH - Inclusão nas escolas

3º. ESTÁGIO

INTERPRETAÇÃO DOS RESULTADOS

Número de sintomas de TDAH

Desvio das normas para idade e gênero

Idade de início e cronicidade

Abrangência entre situações

Grau de deficiência funcional

Eliminação de outros transtornos

↓

4º. ESTÁGIO

DESENVOLVIMENTO DE UM PLANO DE TRATAMENTO

Baseado em:

Gravidade dos sintomas de TDAH

Análise funcional do comportamento

Abrangência entre situações

Presença de transtornos associados

Resposta a tratamento prévio

Recursos baseados na comunidade

↓

5º ESTÁGIO

AVALIAÇÃO DO PLANO DE TRATAMENTO

Coleta periódica de dados de avaliação

Revisão do plano de tratamento

FIGURA 2.1 CINCO ESTÁGIOS DA AVALIAÇÃO BASEADA NA ESCOLA DO TRANSTORNO DE DÉFICIT DE ATENÇÃO/HIPERATIVIDADE.

Embora importantes conquistas tenham sido realizadas na colaboração casa-escola, pais e funcionários da escola podem, em alguns casos, não concordar quanto às maneiras de proporcionar à criança uma experiência educacional satisfatória. A partir do momento que os pais tiverem esgotado todas as possibilidades de cooperação, podem precisar utilizar os serviços de um advogado ou fazer valer suas opções em termos de procedimentos legais (PHELAN, 2005).

[...] O desafio para aqueles envolvidos, será equilibrar/dividir sua atenção conforme as necessidades tantas vezes conflitantes para concentrarem-se não somente nas exigências legais ou processuais referentes ao diagnóstico e à classificação, mas também nas consequências para os alunos [...] (DUPAUL; STONER, 2007).

4.2 COMO OS PROFESSORES PODEM SER MAIS BEM CAPACITADOS PARA LIDAR COM O ALUNADO COM TDAH?

Benczik (2002) acredita que o professor desempenha um papel fundamental na experiência escolar da criança com TDAH. Sendo assim, é importante que o profissional de saúde mental possa apoiar o professor em sala de aula, passando informações sobre os conceitos básicos do TDAH e também sobre a questão da desordem de atenção. [...] Saber distinguir incapacidade de desobediência é fundamental.

[...] Para o tratamento ter êxito, as observações de sala de aula da criança com TDA, que está sob medicação, necessitam ser comunicadas aos pais e ao médico de uma forma ou de outra. Por conseguinte, é essencial que os professores tenham noções básicas a respeito dos diferentes medicamentos e de como eles atuam. É muito importante que os professores tenham uma ideia geral de quais efeitos positivos pode-se esperar dos estimulantes, por exemplo, e também dos eventuais efeitos colaterais que podem se manifestar.[...] (PHELAN, 2005).

[...] Muitos professores, especialmente aqueles de salas de aula de educação geral, admitem prontamente suas limitações para atuar com esses estudantes. Para lidar com esse problema, os sistemas escolares esforçam-se para oferecer treinamento a seus funcionários para a identificação, ensino e manejo dessas crianças em contextos de educação, tanto geral, quanto especial. Infelizmente, não há dados empíricos de que esse breve treinamento didático a respeito do trabalho com crianças com TDAH possa de fato melhorar o conhecimento e as habilidades dos educadores [...] (DUPAUL; STONER, 2007).

Segundo Benczik (2002a), sabe-se que professores são muito diferentes em seus estilos pessoais. No entanto, o profissional que está acompanhando a criança poderá ajudar o professor dela a compreender o seu estilo particular de interação e fazer uso das intervenções que mais se encaixem nesse estilo.

Para Benczik (2002b), o estilo de professor que se adapta melhor às necessidades do aluno com TDAH é aquele que demonstra ser:

• Democrático, solícito e compreensivo.

• Otimista, amigo e empático.

• Dá respostas consistentes e rápidas para o comportamento inadequado da criança, não transparecendo raiva ou ofendendo o aluno.

• Bem organizado e sabe administrar bem o tempo.

• Flexível e realiza os vários tipos de tarefas.

• Objetivo e capaz de encontrar meios de ajudar o aluno a atingir a sua meta.

4.3 Quais as formas de preparar professores e alunos para lidar com a inclusão dos portadores de TDAH em sala de aula?

Para Belfort (1999), há algumas sugestões para que os professores possam lidar melhor com os alunos portadores de TDA/H, ou seja, o que fazer?

1. Manter a estrutura e a rotina escolar estabelecida, vinculando o educando de maneira consistente.

2. Oferecer um ambiente escolar propício para o êxito e reforçamento positivo.

3. Organizar-se para o suporte e ajuda na apresentação de seus trabalhos com atitudes positivas, ajustadas às expectativas e ao nível do estudante, de forma que ele possa em algum momento obter êxito. Ou seja, tratar de buscar pequenos meios de melhorar e que permitam seu reforço como ponto de partida da ação.

4. Assumir novos paradigmas na apresentação das disciplinas ou atividades desses alunos. O professor deve fazer um esforço maior para modificar seu estilo e atender as necessidades de seus alunos.

5. Promover a motivação como elemento essencial na sala de aula e na mente do professor, estimulando as ideias e a criatividade.

6. Selecionar uma disposição dos assentos adequada na sala de aula, determinando o lugar do aluno portador de TDAH próximo ao do professor, evitando, ainda, que ele fique perto de janelas ou outras áreas que proporcionem a possibilidade de outros entretenimentos que o levem a evadir-se do conteúdo didático que está sendo ministrado.

68 ✳ TDAH - Inclusão nas escolas

7. Identificar pontos de possíveis ligações com o aluno, de modo a facilitar a sua aprendizagem e o desenvolvimento de uma autoestima adequada. Estas relações podem ter aspectos importantes como compreensão, ajuda, respeito, etc., que podem inspirar o estudante a empreender um esforço adicional no sentido de satisfazer ao professor e a si mesmo.

8. Ensinar o aluno a monitorar suas condutas ou dificuldades, sendo observador das mesmas. Atualmente se dispõe como ferramenta para tal fim, por exemplo: o programa ADAPT, apresentado por Parker (1992), o qual contém um número de itens para automonitoramento a ser utilizado por alunos da educação básica.

9. Enfatizar a importância da participação do professor em um plano de tratamento farmacológico, solicitando suas observações e comentários, que podem ajudar a monitorar o tratamento, identificando a repercussão que estes geram no aluno, na sua predisposição para aprender, e lhe informando a respeito dos efeitos, benefícios e qualidades do tratamento indicado.

Para Barkley (2002), as consequências positivas e negativas são as ferramentas mais eficazes para o manejo do comportamento, tanto na sala de aula, como em casa. As respostas positivas incluem, geralmente, os elogios, as fichas e as recompensas palpáveis, além dos privilégios especiais. É comum ignorar punições, reprimendas verbais, multas ou penalidades e sanções num sistema de fichas. Portanto, o maior progresso no comportamento na sala de aula e no desempenho acadêmico apenas acontecerá a partir da combinação de estratégias.

Segundo Benczik (2002), devido à grande variabilidade da manifestação dos sintomas, a maioria das crianças em idade escolar não demonstra os sinais cardinais do TDAH em todas as situações. Muitas vezes, os problemas de atenção sem hiperatividade são menos visíveis do que os problemas de controle de impulsos e atividade. As meninas podem apresentar mais rendimento na escola, enquanto os

Novas perspectivas para os portadores de TDAH ✳ 69

meninos são encaminhados por problemas comportamentais. Tarefas que são sedentárias, repetitivas e que requerem autoinstrução (trabalhos de aula ou deveres de casa), podem produzir os sinais mais intensos do transtorno.

Barkley (2002) acredita, ainda, que uma das formas mais eficientes de ajuda à criança com TDAH, à disposição dos colegas de turma, é ignorar o comportamento disruptivo e inapropriado do portador do transtorno. Os colegas também podem incrementar o comportamento apropriado das crianças com TDAH dispensando-lhes elogios e atenção positiva por isso. [...] Programas com fichas, nos quais os demais alunos monitoram o comportamento do aluno com TDAH e dão ou tiram fichas por bom ou mau comportamento, também podem ter sucesso enquanto forem supervisionados por um professor. Obviamente os colegas de classe devem ser também recompensados por seus próprios esforços. [...] Recompensar esses alunos não apenas reforça os esforços, mas também assegura que o programa seja bem conduzido. [...] O professor deve treinar e supervisionar os demais alunos da sala cuidadosamente e não deve permitir que eles se envolvam nos aspectos punitivos do programa.

Indivíduos com DDA olham pelas janelas. Na realidade, não param quietos, ficam dispersos, perdidos. Entretanto também enxergam coisas novas, ou descobrem novas formas de enxergar coisas antigas. Não são somente os desligados deste mundo; são também os antenados, muitas vezes ao que é novo e fresco. Constantemente são os inventores e os realizadores, os que fazem o mundo se mover (HALLOWELL; RATEY, 1999).

Para Benczik (2002), o professor deve estar ciente que não existe uma solução fácil para lidar com TDAH em sala de aula e tampouco há uma receita pronta para isso [...].

70 ✳ TDAH - Inclusão nas escolas

[...] Os educadores alinhados com a educação geral e especial necessitam compreender que os comportamentos referentes ao TDAH são crônicos e dificilmente podem ser totalmente eliminados, principalmente no contexto de um único ano escolar. Sendo assim, o foco dos esforços profissionais deve se concentrar na modificação do ambiente na sala de aula e na escola, no atendimento às necessidades dos estudantes com este transtorno e também na promoção da conquista de objetivos de curto prazo. À medida que melhoras na atenção, no controle dos impulsos e no nível de atividades são concretizadas no curto prazo, um progresso gradual que melhora esses problemas no longo prazo também é conquistado (DUPAUL; STONER, 2007).

CAPÍTULO 5

O UNIVERSO DOS ADULTOS COM TDAH

O universo dos adultos com TDAH ✱ 73

A maioria das crianças com TDA conserva seus sintomas na idade adulta e traz consigo também problemas adicionais decorrentes do fato de "crescer com o TDA". Dentre os mais proeminentes desses problemas "extras" estão a autoestima diminuída, a visão pessimista da vida, problemas para adotar um estilo de vida independente e grandes dificuldades interpessoais [...] (PHELAN, 2005).

Essas são algumas das áreas em que o DDA brando pode atrapalhar a vida de um adulto: o baixo rendimento; a incapacidade de perceber de forma aguçada o próprio mundo; prorrogar o início de um projeto ou de sua finalização; não elaborar as próprias emoções por muito tempo; desorganização; dificuldade em livrar-se de pensamentos negativos persistentes; em desacelerar; em arrumar tempo para fazer aquilo que sempre quis; ou em administrar certos tipos de comportamento compulsivo (HALLOWELL; RATEY, 1999).

O diagnóstico do TDA adulto precisa de inúmeros passos que são semelhantes aos incluídos na avaliação de uma criança, porém existem importantes diferenças. Os passos a serem dados no caso de adultos são: 1) autorrelato do adulto; 2) entrevistas estruturadas, escalas de classificação e questionários; 3) observações do comportamento em consultório; 4) entrevistas com os cônjuges, pais ou outras pessoas que conheçam o adulto que está sendo avaliado e 5) a coleta de outras informações (PHELAN, 2005).

Conforme Kessler (et al., 2005b apud Mattos et al., 2006):

> Os sintomas listados no DSM-IV para o diagnóstico de crianças e adolescentes foram adaptados para adultos na escala *Adult Self-Report Scale* (ASRS, versão 1.1, disponível em http://www.hcp.med.harvard.edu/ncs/asrs.php), cuja calibração foi realizada durante o National Comorbidity Survey-Replication, um recente estudo epidemiológico norte-americano.

74 ★ TDAH - Inclusão nas escolas

Tabela 2. ASRS 18 itens (versão 1.1) – versão final em português.

Por favor, responda as perguntas abaixo se avaliando de acordo com os critérios do lado direito da página. Após responder cada uma das perguntas, circule o número que corresponde a como você se sentiu e se comportou nos últimos seis meses. Por favor, dê este questionário completo ao profissional de saúde para que vocês possam discutir na consulta de hoje.	Nunca	Raramente	Algumas vezes	Freqüentemente	Muito freqüentemente
1. Com que freqüência você comete erros por falta de atenção quando tem de trabalhar num projeto chato ou difícil?	0	1	2	3	4
2. Com que freqüência você tem dificuldade para manter a atenção quando está fazendo um trabalho chato ou repetitivo?	0	1	2	3	4
3. Com que freqüência você tem dificuldade para se concentrar no que as pessoas dizem, mesmo quando elas estão falando diretamente com você?	0	1	2	3	4
4. Com que freqüência você deixa um projeto pela metade depois de já ter feito as partes mais difíceis?	0	1	2	3	4
5. Com que freqüência você tem dificuldade para fazer um trabalho que exige organização?	0	1	2	3	4
6. Quando você precisa fazer algo que exige muita concentração, com que freqüência você evita ou adia o início?	0	1	2	3	4
7. Com que freqüência você coloca as coisas fora do lugar ou tem de dificuldade de encontrar as coisas em casa ou no trabalho?	0	1	2	3	4
8. Com que freqüência você se distrai com atividades ou barulho a sua volta?	0	1	2	3	4
9. Com que freqüência você tem dificuldade para lembrar de compromissos ou obrigações?	0	1	2	3	4
PARTE A – TOTAL					
1. Com que freqüência você fica se mexendo na cadeira ou balançando as mãos ou os pés quando precisa ficar sentado (a) por muito tempo?	0	1	2	3	4
2. Com que freqüência você se levanta da cadeira em reuniões ou em outras situações onde deveria ficar sentado (a)?	0	1	2	3	4
3. Com que freqüência você se sente inquieto (a) ou agitado (a)?	0	1	2	3	4
4. Com que freqüência você tem dificuldade para sossegar e relaxar quando tem tempo livre para você?	0	1	2	3	4
5. Com que freqüência você se sente ativo (a) demais e necessitando fazer coisas, como se estivesse "com um motor ligado"?	0	1	2	3	4
6. Com que freqüência você se pega falando demais em situações sociais?	0	1	2	3	4
7. Quando você está conversando, com que freqüência você se pega terminando as frases das pessoas antes delas?	0	1	2	3	4
8. Com que freqüência você tem dificuldade para esperar nas situações onde cada um tem a sua vez?	0	1	2	3	4
9. Com que freqüência você interrompe os outros quando eles estão ocupados?	0	1	2	3	4
PARTE B – TOTAL					

A escala ASRS apresenta 18 itens que contemplam os sintomas do critério A do DSM-IV adaptados ao contexto da vida adulta, já que vários itens dizem respeito a comportamentos próprios da infância ou da adolescência (por exemplo, "correr e escalar") (MATTOS et al., 2006).

Existem evidências de pesquisas no sentido de que os adultos com TDA tanto trocam diversas vezes de emprego, como costumam ter "bicos" e trabalhos de meio período com mais frequência. Talvez essas descobertas sejam em decorrência do fato infeliz de que o status socioeconômico global dos adultos com TDA é inferior ao de sua família ou colegas. É possível que os indivíduos com TDA tenham a necessidade de complementar suas rendas – ou simplesmente queiram gastar mais um pouco de seu excesso de energia (PHELAN, 2005).

Com base em nossa experiência com centenas de pacientes, compilamos os seguintes conjuntos de sintomas como os mais amiudamente relacionados. Os sintomas a seguir são somente critérios "sugeridos" – sugeridos por nós levando em conta nossa experiência com adultos que possuem DDA (HALLOWELL; RATEY, 1999).

CRITÉRIOS DIAGNÓSTICOS SUGERIDOS PARA

O DISTÚRBIO DO DÉFICIT DE ATENÇÃO EM ADULTOS

Nota: Considerar que um critério é atendido apenas se o comportamento for muito mais frequente do que o apresentado pela maioria das pessoas da mesma idade mental.

A- Uma perturbação crônica em que pelo menos quinze entre as seguintes características estejam presentes:

1. Uma sensação de baixo rendimento, de não atingir as próprias metas (independentemente do quanto a pessoa de fato realize)

Começamos por esse sintoma porque é o motivo mais comum que leva um adulto a procurar ajuda. "Simplesmente não consigo me realizar" é o refrão mais usado. A pessoa pode até ser considerada um sucesso por padrões objetivos, ou estar se debatendo, como um perdido em um labirinto, incapaz de fazer uso de seu potencial.

76 ✱ TDAH - Inclusão nas escolas

2. Dificuldade em organizar-se.

Um dos maiores problemas para a maior parte dos adultos com DDA. Sem a estrutura da escola, ou os pais por perto para manter as coisas organizadas para ele, o adulto pode titubear perante as demandas da vida cotidiana. As supostas "pequenas coisas" podem amontoar-se criando enormes obstáculos. Por um mero detalhe – um compromisso não cumprido, um cheque perdido, um prazo esquecido– , pode-se perder o reino.

3. Adiamento crônico do início de tarefas.

A realização de tarefas por adultos com DDA é associada a tanta ansiedade – em razão do receio de não as fazer direito – que eles as empurram para mais tarde, e mais tarde, o que, obviamente, só faz aumentar a ansiedade ligada à tarefa.

4. Muitos projetos tocados simultaneamente; dificuldade em levá-los adiante.

Um corolário do número três. Conforme uma tarefa é deixada de lado, outra é assumida. Ao fim do dia, da semana ou do ano, incontáveis projetos são empreendidos, mas poucos são concluídos.

5. Tendência a dizer o que vem à mente, sem considerar o momento e a conveniência do comentário.

Como a criança com DDA em sala de aula, o adulto com DDA se deixa levar pelo entusiasmo – a diplomacia e a malícia se rendem a lampejos infantis.

6. Busca constante por forte estimulação.

O adulto com DDA está sempre à procura de algo novo, envolvente, algo do mundo externo que possa vibrar como o turbilhão em seu íntimo.

7. Intolerância ao tédio.

Corolário do número seis. Na verdade, a pessoa com DDA raramente se sente entediada, pois, no mesmo milissegundo em que detecta o tédio, parte para a ação e encontra algo novo; então muda de canal.

8. Facilidade para distrair-se, problema de concentração, tendência a se desligar ou ficar à deriva no meio de uma página ou diálogo, às vezes acompanhados de uma capacidade de hiperconcentração.

A marca registrada do DDA. O "desligamento" é um tanto involuntário, acontecendo quando a pessoa não está olhando, por assim dizer, e a próxima coisa que se percebe é que ela não está ali. A capacidade muitas vezes extraordinária de hiperconcentração também costuma estar presente, enfatizando o fato de que, na verdade, essa é uma síndrome não de déficit de atenção, mas de inconstância na atenção.

9. Constantemente criativo, intuitivo e muito inteligente– não é um sintoma, mas uma característica que merece ser mencionada. Os adultos com DDA em geral têm mentes mais criativas do que a média. Em meio à sua desorganização e devaneio, demonstram lampejos de talento. Capturar esse "algo especial" é um dos objetivos do tratamento.

10. Dificuldade em seguir caminhos preestabelecidos, em proceder de forma "apropriada".

Contrariamente ao que se possa pensar, isso não se deve a algum problema não resolvido com figuras de autoridade; trata-se, antes, de uma manifestação de tédio e frustração: tédio por estar fazendo coisas seguindo uma rotina e excitação por novas abordagens, e frustração por não ser capaz de fazer as coisas da forma como "deveriam" ser feitas.

11. Impaciência. Baixa tolerância à frustração.

Qualquer tipo de frustração remete o adulto com DDA a todos os seus fracassos do passado. "Ah, não!", diz ele. "Aqui vamos nós de novo." Por isso sente raiva ou se recolhe. A impaciência deriva da necessidade de estímulo constante, podendo fazer com que os outros o considerem imaturo ou insaciável.

12. Impulsivo, verbalmente ou nas ações – como gastar dinheiro impulsivamente, mudar de planos, fazer modificações em projetos profissionais, coisas desse tipo.Este é um dos sintomas mais perigosos em adultos ou, dependendo do impulso, um dos mais úteis.

13. Tendência a uma preocupação desnecessária e sem fim. Propensão a sondar o horizonte em busca de algo com que se preocupar, ao mesmo tempo que mostra inatenção ou descaso por perigos palpáveis.

A preocupação passa a ser aquilo em que a atenção se transforma quando não está concentrada em uma tarefa.

14. Sensação de insegurança.

Muitos adultos com DDA sentem uma insegurança crônica, não importando a estabilidade de sua vida. É comum que se sintam como se o mundo fosse desmoronar.

15. Humor oscilante, lábil, sobretudo quando desvinculado de uma pessoa ou projeto. A pessoa com DDA pode ficar de repente de mau humor, depois de bom humor e novamente mal-humorada – tudo isso num espaço de poucas horas, e sem motivo aparente. Essas variações não são tão acentuadas como as que se associam a depressão ou a distúrbio ou transtorno maníaco-depressivo.

16. Inquietude.

Em geral, não se encontra no adulto a hiperatividade marcante que encontramos na criança. Em vez disso, o que se observa é algo que parece "energia nervosa": andar de um lado para o outro, tamborilar com os dedos, mudar de posição quando está sentado, sair a toda hora de uma mesa ou quarto, sentir-se tenso quando em descanso.

17. Tendência a comportamento aditivo ou viciado.

O vício pode ser uma droga, como álcool, maconha ou cocaína, ou uma atividade, como jogar, fazer compras, comer ou trabalhar demais.

18. Problemas crônicos de autoestima.

Estes problemas são o resultado direto e lamentável de anos de frustração, fracasso ou malogro das iniciativas. Mesmo a pessoa com DDA, que já conquistou o seu espaço, em geral se sente anormal. O que impressiona é a capacidade de recuperação da maioria desses adultos, a despeito dos muitos obstáculos.

19. Auto-observação imprecisa.

Pessoas com DDA são auto-observadores precários. Não fazem uma avaliação aguçada do impacto que exercem sobre os outros. Em geral, consideram-se menos eficientes ou poderosos do que os outros acham.

20. Histórico familiar de DDA, transtorno maníaco-depressivo, depressão, uso abusivo de substâncias, ou outros distúrbios de controle dos impulsos ou do humor. O DDA parece ser geneticamente transmitido e relacionado às outras condições mencionadas; assim, não é incomum (o que não significa que seja necessário) documentar a história familiar dos mencionados distúrbios.

80 ✱ TDAH - Inclusão nas escolas

B. Histórico de DDA na infância. (Pode não ter sido formalmente diagnosticado, mas os sinais e sintomas certamente estavam na história.)

C. Situação não explicada por outra condição médica ou psiquiátrica.

Em decorrência da frequente incapacidade do portador de TDA de se organizar em casa, assim como de sua instabilidade emocional, seus cônjuges podem, em alguns momentos, sentir que têm outro filho para cuidar, e não um parceiro em condições de igualdade (PHELAN, 2005).

Nos casais em que um ou ambos os parceiros têm DDA, a vida pode ser ruim ou dar guinadas de um dia para o outro. [...] Na verdade, a síndrome pode atrapalhar relações íntimas e deixar os dois parceiros exaustos. Por outro lado, se a situação for contornada com sutileza, ambos podem trabalhar juntos, em vez de serem como estranhos um para o outro (HALLOWELL; RATEY, 1999).

Muitos adultos portadores de TDA saem-se muito bem no ambiente de trabalho porque são seus próprios chefes. Outros, porém, podem apresentar diversas dificuldades com a chefia, o que tende a aflorar alguns dos antagonismos "antipais" que eles vivenciaram na infância (é importante lembrar que algumas pesquisas demonstraram que nove, em cada dez, interações entre crianças com TDA e seus pais são negativas). Regras e chefias podem, portanto, estimular uma espécie de oposição automática; chefes, gerente e supervisores podem facilmente ser percebidos como estúpidos e irracionais (PHELAN, 2005).

A relação a seguir, ou "dicas", pode ser de ajuda ao tratar com outras questões relevantes para casais em que um dos parceiros possui DDA (HALLOWELL; RATEY, p. 153-158, 1999).

1. Assegure-se de que o diagnóstico é preciso e correto. Há inúmeras condições que se assemelham ao DDA, desde doses excessivas de café a estados de ansiedade, de distúrbios dissociativos ao hipertireoidismo. Antes de assumir um tratamento para DDA, consulte o médico para assegurar-se de que a pessoa em questão tenha realmente DDA, e não outra coisa. Uma vez seguro do diagnóstico, informe-se ao máximo sobre o tema. Quanto mais você e seu parceiro souberem, mais aptos estarão para ajudar um ao outro. O primeiro passo no tratamento do DDA – seja do seu parceiro ou de outra pessoa – é o conhecimento.

2. Mantenha o senso de humor! Se você deixar rolar, o DDA pode ser às vezes engraçado. Não perca a oportunidade de rir se houver graça. Quando estiver naquela encruzilhada psicológica que todos conhecemos, em que por uma fração de segundos as opções são enlouquecer de raiva, chorar ou rir, parta para o riso. O bom humor é a chave para uma vida feliz com DDA.

3. Declarem trégua. De posse do diagnóstico e depois de haver lido um pouco a respeito, respirem fundo e acenem com a bandeira branca. Vocês dois precisam de algum espaço para respirar para que possam definir um novo rumo para o seu relacionamento. Talvez vocês precisem arejar vários sentimentos ruins armazenados com o tempo. Façam-no para não ter de arrastá-los por toda parte.

4. Reservem um tempo para conversar. Vocês precisarão de um tempo para discutir sobre o DDA – o que é , como afeta o seu relacionamento, o que cada um pensa fazer a respeito, quais são os seus sentimentos em relação a isso. Não o façam displicentemente, ou seja, durante os intervalos comerciais na tevê, enquanto lavam a louça, entre um telefonema e outro etc. Dediquem um tempo exclusivo para esse assunto.

5. Abram o jogo. Exponham o que vai em suas mentes. Os efeitos do DDA se manifestam de formas variadas para casais diferentes; digam como eles estão se apresentando entre vocês. Esclareçam

82 ★ TDAH - Inclusão nas escolas

simplesmente como um está deixando o outro louco, o que gostam, o que querem mudar. Tentem dizer isso antes que comecem a ficar exaltados. Pessoas com DDA tendem a trazer conclusões imaturas às discussões, a ir direto ao cerne da questão. Nesse caso, o tal cerne é a discussão em si.

6. Registrem suas queixas e recomendações. É bom ter por escrito o que querem mudar e o que querem preservar, caso contrário vocês esquecerão.

7. Façam um plano de tratamento. Debatam livremente entre si como alcançar suas metas. Vocês podem querer alguma ajuda profissional nessa fase, mas é uma boa ideia começar por si mesmos.

8. Perseverem no plano. Lembrem-se: uma das marcas registradas do DDA é a falta de perseverança, portanto vocês terão trabalho para seguir firme com seu plano.

9. Façam listas. Com o tempo, elas se tornarão um hábito.

10. Usem quadros de aviso. Mensagens por escrito têm menos possibilidade de ser esquecidas. É claro que terão de habituar-se a olhar o quadro de avisos!

11. Ponham bilhetes em locais estratégicos, como na cama, no carro, no banheiro, na cozinha.

12. Pense na possibilidade de escrever o que você quer que o parceiro faça e oferecer-lhe isso na forma de uma lista todos os dias, o que deve ser feito num espírito de colaboração, não de ditadura. Cada um deve ter um caderno de apontamentos e checá-lo diariamente.

13. Avaliem suas vidas sexuais sob a luz do DDA. Como já foi mencionado, o DDA pode influenciar o interesse e a performance sexuais. É bom saber que os problemas se devem ao DDA e não a qualquer outra coisa.

14. Fujam dos estereótipos de bagunceiro e arrumador. Você não deseja que o parceiro sem DDA se encarregue de tudo, "facilitando" as coisas para o parceiro com DDA, corrigindo sempre, como a esposa do alcoólatra "facilita" as coisas para ele, encobertando-o. Em vez disso, estabeleçam estratégias para romper esse padrão.

15. Evitem os estereótipos de rabugento e desligado. Vocês não querem que o parceiro sem DDA fique sempre resmungando e ralhando com o parceiro com DDA para que preste atenção, coordene seus atos, pare de ler o jornal etc. As pessoas com DDA geralmente precisam de um "tempo de manutenção" diário para recarregar suas baterias. É preferível que esse tempo seja negociado e reservado com antecedência a se tornar motivo de luta cada vez que é necessário.

16. Evitem os estereótipos de vítima e algoz. Vocês não querem que o parceiro com DDA se apresente como vítima indefesa nas mãos impiedosas do outro, o grande controlador – uma dinâmica que pode evoluir com facilidade se você não tomar cuidado. A pessoa com DDA precisa de apoio e estrutura, que o parceiro sem DDA pode proporcionar. A menos que haja uma comunicação clara e aberta sobre o que está acontecendo, esse apoio e estrutura podem dar a impressão de um irritante controle.

17. Evitem o estereótipos de senhor e escravo (veja o item 16). No entanto, ironicamente, muitas vezes o parceiro sem DDA é que se sente escravo do companheiro (ou companheira). O parceiro sem DDA pode sentir que os sintomas do DDA estão arruinando o relacionamento, envolvendo-o em seus tentáculos, perturbando diariamente o que poderia ser – e que já foi em algum momento – uma ligação afetiva.

18. Evitem o padrão de guerra sadomasoquista como forma rotineira de interagir. Antes do diagnóstico e da intervenção, muitos casais que lidam com o DDA passam a maior parte do tempo atacando e contra-atacando. Espera-se superar isso para chegar a uma solução do problema. É preciso ter cuidado com o prazer secreto que pode haver nessa briga. O DDA é exasperante, e por isso você pode gostar

84 ✳ TDAH - Inclusão nas escolas

de punir seu companheiro brigando com ele. Tente dirigir sua raiva ao distúrbio, não à pessoa. Diga: "odeio o DDA" em vez de "odeio você, ou "o DDA me atormenta" em vez de "você me atormenta".

19. Em geral, fiquem atentos para o problema do controle, dominação e submissão que estão ocultos, como pano de fundo, na maioria dos relacionamentos e, sobretudo, naqueles que envolvem DDA. Procurem ser tão claros quanto possível, de modo que possam trabalhar para a cooperação em vez de competição.

20. Desliguem-se do negativismo. Muitas pessoas com DDA assumiram há muito tempo uma atitude resignada do tipo "não existe esperança para mim". O mesmo pode acontecer com ambos os parceiros de um casal. Como será mencionado em vários momentos deste livro, o pensamento negativo é uma das forças mais corrosivas no tratamento do DDA. Essas "fitas de negativismo" podem rodar de forma infindável na mente da pessoa com DDA. É como se fossem automaticamente ligadas quando o sol nasce e desligadas apenas na inconsciência do sono. Rodam repetidas vezes, emitindo sons desagradáveis: "você não pode", "você é mau", "você é burro", "não vai dar certo", "veja como você ficou para trás", "você é um perdedor nato". Essas fitas podem estar rodando numa reunião de negócios, no carro na volta para casa ou quando estão fazendo amor. É difícil ser romântico quando se mantêm pensamentos negativos. Esses pensamentos agem como um amante satânico, que induz a pessoa a "amá-los" em vez de ao parceiro. Não é fácil parar essas fitas, mas com um esforço consciente e sustentado isso pode ser feito.

21. Usem elogios à vontade. Comecem a rodar fitas positivas, descubram coisas positivas para dizer ao parceiro e a si mesmos. Ajudem-se a confiar um no outro de forma consciente e cuidadosa. Ainda que pareça piegas no início, com o tempo passará a ser agradável e terá um efeito de sustentação.

22. Aprendam a lidar com as variações de humor. A previsão é uma ótima maneira de ajudar alguém a lidar com os altos e baixos,

e isso é especialmente verdadeiro no caso do DDA. Se você já sabe que, quando disser "bom dia, querido!", provavelmente terá como resposta "quer largar do meu pé, por favor", fica mais fácil lidar com essa resposta sem chegar ao divórcio. E se o outro membro do casal houver aprendido algo sobre seus humores, a resposta a "bom dia, querido!" poderá ser "estou num de meus momentos de DDA" ou algo assim, em vez de uma frase malcriada.

23. Deixe que o mais bem-organizado dos dois fique à frente da organização. Não faz sentido você se castigar, assumindo um trabalho que considera difícil. Se você não controla o talão de cheques, não fique com o talão de cheques. Se não sabe comprar roupas de criança, não compre roupas de criança. Essa é uma das vantagens de formarem um casal: você tem outra pessoa para ajudá-lo. O trabalho que a outra pessoa faz em seu lugar, porém, deve ser adequadamente reconhecido e retribuído.

24. Tenham tempo um para o outro. Se a única maneira que funciona com vocês é seguir um horário, estabeleçam horários. Isso é fundamental. Muitas pessoas com DDA são fugazes como o mercúrio; num momento vocês as têm, no momento seguinte se foram. Comunicação clara, expressão de afetos, compreensão de problema, divertir-se juntos, brincar... todos esses ingredientes de um bom relacionamento não podem ocorrer a menos que vocês passem algum tempo juntos.

25. Não use o DDA como desculpa. Cada membro do casal deve ser responsável por suas próprias ações. Por outro lado, se o DDA não deve ser usado como desculpa, o conhecimento da síndrome pode acrescentar muita coisa à compreensão de um relacionamento.

Inúmeras pessoas com TDA, obviamente, lidam com a vida razoavelmente bem. A maioria pode se casar, ter um emprego e ser autossuficiente. Inclusive alguns adultos com TDA, que possuem um alto nível intelectual, boas habilidades sociais, e que podem utilizar sua energia extra como trunfo, serão excelentes realizadores (PHELAN, 2005).

CAPÍTULO 6

DA TEORIA À PRÁTICA

Mesmo que de forma sucinta e restrita, este capítulo vem ao encontro de elucidar a realização de um trabalho possível e eficaz de um aluno que obteve o diagnóstico de TDAH com predominio de hiperatividade, durante um ano letivo, na rede estadual de ensino de São Paulo.

A rede estadual de São Paulo, desde o ano de 2001, incluiu em seu regimento a mudança gradativa de salas especiais para salas de recursos. No entanto, o leitor pode se perguntar: qual a relação disso com o tema em questão?

Pensando no contexto histórico na área de deficiência, em que qualquer anormalidade, alteração e/ou diferença era tratada com a exclusão e segregação do indivíduo. O convívio com os chamados indivíduos normais, esteve restrito em todas as áreas, inclusive na educacional. A sala especial vem ao encontro desta segregação, à medida que classificava quem faria uso deste serviço, retirando o indivíduo do convívio com os demais educandos, em atividades escolares, lúdicas, de educação física e artística.

Pode-se inferir que qualquer diferença, inclusive casos de hiperatividade (principalmente aqueles que traziam graves problemas de comportamento adaptativo), quando se fez presente em nosso sistema educacional, eram para as salas especiais que os portadores eram conduzidos, pois por muito tempo esse foi um dos poucos recursos utilizados para atender as necessidades especiais.

Contudo, a partir de algumas normatizações como a atual Lei de Diretrizes e Bases (LDB), que trata da inclusão de portadores de necessidades educacionais especiais (PNEE) no ensino regular, esta realidade vem sendo alterada. Mesmo entendendo que PNEE é um termo abrangente que sugeri, por sua amplitude, que todos os alunos podem em um dado momento apresentar uma necessidade educacional especial, não entraremos neste mérito por não ser o objetivo deste livro. Sem desconsiderar que apesar de segregadora,

90 * TDAH - Inclusão nas escolas

a existência da sala especial, ainda se faz necessária pela demanda que possui, já que o sistema ainda não tem apresentado alternativa para toda a clientela que precisa desse atendimento.

[...] Por fim, com a interpretação atual dos regulamentos federais para a educação especial, identificamos uma necessidade maior de estabelecer como e sob que condições as crianças portadoras de TDAH podem se qualificar para serviços especiais. Atualmente, as diretrizes são muito vagas em relação a como tomar decisões a respeito da qualificação para serviços especiais. [...] (DUPAUL; STONER, 2007).

Atendendo ao tratado de Jontien, em que ao pensar que a educação deva ser para todos, aparece a ideia de inclusão que em nossa legislação vigente (LDB) aponta que só será feita de fato quando todos forem incluídos preferencialmente no ensino regular, salvo casos considerados graves. Assim, uma das soluções encontradas pelo sistema educacional estadual foi a institucionalização das salas de recursos como forma de apoio à inclusão.

Para apreciação e melhor compreensão de como este atendimento vem sendo feito, se faz necessária a leitura da deliberação estadual de São Paulo.

DELIBERAÇÃO CEE Nº 68/2007

FIXA NORMAS PARA A EDUCAÇÃO DE ALUNOS QUE APRESENTAM NECESSIDADES EDUCACIONAIS ESPECIAIS, NO SISTEMA ESTADUAL DE ENSINO

O Conselho Estadual de Educação, no uso de suas atribuições, com fundamento na Lei nº 7853/1989, no Decreto nº 3.298/99, na Lei nº 9.394/96, no Decreto nº 3.956/2001 e com fundamento na Resolução CNE/CEB nº 02/2001, Parecer CNE/CEB nº 17/2001 e Indicação CEE nº 70/2007, aprovada em 13-6-2007; Delibera:

Art. 1º - A educação, direito fundamental, público e subjetivo da pessoa, na modalidade especial, é um processo definido por uma proposta pedagógica que assegure recursos e serviços educacionais especiais, organizados institucionalmente, para apoiar, complementar e suplementar o ensino regular, com o objetivo de garantir a educação escolar e promover o desenvolvimento das potencialidades dos educandos que apresentam necessidades educacionais especiais.

Art. 2º - A educação inclusiva compreende o atendimento escolar dos alunos que apresentam necessidades educacionais especiais e tem início na educação infantil ou quando se identifiquem tais necessidades em qualquer fase, devendo ser assegurado atendimento educacional especializado.

Art. 3º - Consideram-se educandos com necessidades educacionais especiais:

I - alunos com deficiência física, mental, sensorial e múltipla, que demandem atendimento educacional especializado;

II - alunos com altas habilidades, superdotação e grande facilidade de aprendizagem, que os levem a dominar, rapidamente, conceitos, procedimentos e atitudes;

III - alunos com transtornos invasivos de desenvolvimento;

IV - alunos com outras dificuldades ou limitações acentuadas no processo de desenvolvimento, que dificultam o acompanhamento das atividades curriculares e necessitam de recursos pedagógicos adicionais.

92 * TDAH - Inclusão nas escolas

Art. 4º - O atendimento educacional de alunos com necessidades educacionais especiais deve ocorrer, preferencialmente, nas classes comuns do ensino regular.

Parágrafo único - As escolas que integram o sistema de ensino do Estado de São Paulo organizar-se-ão para o atendimento aos educandos com necessidades educacionais especiais, de modo a propiciar condições necessárias a uma educação de qualidade para todos, recomendando-se intercâmbio e cooperação entre as escolas, sempre que possam proporcionar o aprimoramento dessas condições.

Art. 5.º - As escolas organizar-se-ão de modo a prever e prover em suas classes comuns, podendo contar com o apoio das instituições, órgãos públicos e a colaboração das entidades privadas:

I - distribuição ponderada dos alunos com necessidades educacionais especiais pelas várias classes do ano escolar em que forem classificados, buscando a adequação entre idade e série/ano, para que todos se beneficiem das diferenças e ampliem, positivamente, suas experiências, dentro do princípio de educar para a diversidade;

II - flexibilizações curriculares que considerem metodologias de ensino diversificadas e recursos didáticos diferenciados para o desenvolvimento de cada aluno, em consonância com o projeto pedagógico da escola;

III - professores capacitados para o atendimento às necessidades educacionais especiais dos alunos;

IV - sustentabilidade do processo escolar, mediante aprendizagem cooperativa em sala de aula, trabalho de equipe na escola e constituição de redes de apoio, com a participação da família e de outros agentes da comunidade no processo educativo;

V - atividades de aprofundamento e enriquecimento curriculares que favoreçam aos alunos com altas habilidades/superdotação o desenvolvimento de suas potencialidades criativas;

VI - serviços de apoio pedagógico especializado, mediante:

a) atendimento educacional especializado a se efetivar em sala de recursos ou em instituição especializada, por meio da atuação de professor especializado na área da necessidade constatada para orientação, complementação ou suplementação das atividades curriculares, em período diverso da classe comum em que o aluno estiver matriculado;

b) atendimento educacional especializado a se efetivar em sala de recursos ou em instituição especializada, por meio da utilização de procedimentos, equipamentos e materiais próprios, em período diverso ao da classe comum em que o aluno estiver matriculado;

c) atendimento itinerante de professor especializado que, em atuação colaborativa com os professores das classes comuns, assistirá os alunos que não puderem contar, em seu processo de escolarização, com o apoio da sala de recursos ou instituição especializada;

d) oferta de apoios didático-pedagógicos alternativos necessários à aprendizagem, à comunicação, com utilização de linguagens e códigos aplicáveis, bem como à locomoção.

Art. 6º - Os alunos que não puderem ser incluídos em classes comuns, em decorrência de severa deficiência mental ou grave deficiência múltipla, ou mesmo apresentarem comprometimento do aproveitamento escolar em razão de transtorno invasivo do desenvolvimento, poderão contar, na escola regular, em caráter de excepcionalidade e transitoriedade, com o atendimento em classe regida por professor especializado, observado o disposto no Parágrafo único do Art. 4º desta Deliberação.

94 ★ TDAH - Inclusão nas escolas

§ 1º - Esgotados os recursos pedagógicos necessários para manutenção do aluno em classe regular, a indicação da necessidade de atendimento em classe regida por professor especializado deverá resultar da avaliação multidisciplinar, por equipe de profissionais indicados pela escola e pela família.

§ 2º - O tempo de permanência do aluno na classe dependerá da avaliação multidisciplinar e periódica, com participação dos pais e do Conselho de Escola e/ou estrutura similar, com vistas a seu encaminhamento para classe comum.

§ 3º - O caráter de excepcionalidade, de que se revestem a indicação do encaminhamento dos alunos e o tempo de sua permanência em classe regida por professor especializado, será assegurado por instrumentos e registros próprios, sob a supervisão do órgão competente.

Art. 7º - As escolas poderão utilizar-se de instituições especializadas, dotadas de recursos humanos das áreas de saúde, educação e assistência, e de materiais diferenciados e específicos, para:

I - complementar, suplementar e apoiar o processo de escolarização dos alunos com necessidades educacionais especiais matriculados nas classes comuns das escolas de ensino regular;

II - oferecer aos alunos matriculados nas classes comuns do ensino regular atividades de preparação e formação para o trabalho e atividades nas diferentes linguagens artísticas e culturais;

III - o atendimento educacional especializado a crianças e jovens, cuja gravidade da deficiência ou distúrbio do desenvolvimento imprimam limitações severas às suas atividades de vida diária e comprometam seriamente sua possibilidade de acesso ao currículo da escola de ensino regular.

Art. 8º - Alunos impossibilitados de freqüentar as aulas em razão de tratamento de saúde, que implique em internação hospitalar, atendimento ambulatorial ou permanência prolongada em domicílio, desde que preservada a capacidade de aprendizado, deverão ter garantida a continuidade do seu processo de aprendizagem, com acompanhamento pedagógico que lhes facilite o retorno à escola regular.

Art. 9º - As Instituições de Ensino Superior devem oferecer obrigatoriamente programas de formação inicial ou continuada aos professores das classes comuns que lhes garantam apropriação dos conteúdos e competências necessárias ao trabalho pedagógico que realizam, regularmente, com alunos com necessidades educacionais especiais.'

Parágrafo único - Os sistemas públicos de ensino promoverão formação continuada de professores com vistas à melhoria e aprofundamento do trabalho pedagógico com alunos que apresentem necessidades educacionais especiais.

Art. 10º - Os professores especializados deverão comprovar

I - formação específica em curso de graduação de nível superior ou;

II - complementação de estudos de pós-graduação na área do atendimento educacional especializado, com carga horária superior a 360 horas.

Art. 11º - As disposições necessárias ao atendimento aos alunos com necessidades educacionais especiais deverão constar de projetos pedagógicos das unidades escolares ou das instituições responsáveis, respeitadas as demais normas do sistema de ensino.

96 ∗ TDAH - Inclusão nas escolas

Art. 12º - Aplicam-se aos alunos com necessidades educacionais especiais, os critérios de avaliação previstos pela proposta pedagógica e estabelecidos nas respectivas normas regimentais, acrescidos dos procedimentos e das formas alternativas de comunicação e adaptação dos materiais didáticos e dos ambientes físicos disponibilizados aos alunos.

Parágrafo único - Esgotadas todas as possibilidades de avanço no processo de escolarização e constatada significativa defasagem entre idade e série/ano, é facultado às escolas viabilizar ao aluno, com severa deficiência mental ou grave deficiência múltipla, grau de terminalidade específica do ensino fundamental, certificando-o com o termo de conclusão de série/ano, acompanhado de histórico escolar que apresente, de forma descritiva, as competências desenvolvidas pelo educando.

Art. 13º - A preparação profissional oferecida aos alunos com necessidades educacionais especiais, que não apresentem condições de se integrar aos cursos de nível técnico, poderá ser realizada em oficinas laborais ou em outros serviços da comunidade, que contêm os recursos necessários à qualificação básica e à inserção do aluno no mercado de trabalho.

Art. 14º - Serão assegurados aos alunos que apresentem necessidades educacionais especiais os padrões de acessibilidade, mobilidade e comunicação, na conformidade do contido nas Leis nºs 10.098/00, 10.172/01 e 10.436/02, constituindo-se o pleno atendimento em requisito para o credenciamento da instituição, autorização, reconhecimento e renovação de reconhecimento de cursos.

Art. 15º - As instituições especializadas de que trata o artigo 7º desta Deliberação deverão, gradual e continuamente, até 2010, reorganizarem-se, readequando as respectivas estruturas às finalidades estabelecidas no artigo.

Art. 16º - Esta Deliberação entra em vigor na data da publicação de sua homologação, revogando-se a Deliberação CEE nº 05/2000 e disposições em contrário.

Para dar conta desta deliberação, também se fez necessária a normatização das salas de recursos, este é um serviço de apoio especializado, em que o grupo de alunos é de no mínimo dez crianças e no máximo quinze, que podem ser agrupadas segundo critérios que favoreçam o aprendizado do educando, ou até mesmo atendimento individualizado se necessário. O aluno tem que estar matriculado e frequentar assiduamente a sala regular, já que o objetivo central é incluir, assim quando não mais precisar do apoio ele poderá ser liberado da frequência à sala de recursos.

Todos devem permanecer duas horas por dia no máximo, em horário distinto da sala regular, visando assim ao melhor aproveitamento.

O papel do professor especializado é oferecer apoio aos alunos, pais e educadores. Seja com orientações, adaptações curriculares, auxiliares no processo de inclusão, trabalhando não só com as áreas comuns de conhecimento, mas, também, com as particularidades das necessidades especiais apresentadas pelos educandos que façam uso deste serviço.

E é, neste contexto, que se inicia a trajetória daquele que será chamado de Jô, o caso apresentado de uma adequação de um aluno com diagnóstico de TDAH com predomínio de hiperatividade.

98 ✴ TDAH - Inclusão nas escolas

Para que nossos processos simbólicos sejam ativados e, assim, nossa atenção estimulada, o relato desse episódio tentará se aproximar da linguagem literária que tanto nos agrada desde as narrativas poéticas que ilustraram a nossa infância.

Era uma vez uma escola de ensino fundamental I, localizada em um bairro periférico da cidade de São Paulo. Esta escola era como a maioria, salas com 30 até 40 alunos, com quinze salas de aula regulares, profissionais de diversos perfis, estáveis, contratados, com superior completo ou só o antigo magistério, dentre outras características tão comuns ao sistema de ensino estadual, a não ser pelo fato de nela existir uma sala de recursos.

E é nesta sala e escola, que a nossa personagem principal aparece na história. Jô, um garoto de oito anos, na verdade, cursava seu primeiro ano naquela escola. Já que havia frequentado o primeiro ano do ciclo básico em outra instituição escolar.

Uma vez a professora da sala diferente, aquela que pode brincar onde tem brinquedos, assim conhecida pelos alunos, ouvira falar muito do rapazinho chamado Jô. Ele era o protagonista de longas falas entre a equipe escolar, geralmente sobre suas peripécias. Causava curiosidade, quem seria aquele que despertava tanto interesse, que estava presente em tantos episódios.

Jô era franzino, com a pele negra, os olhos escuros e vistosos. Vindo de família humilde, segundo filho de mãe solteira, mãe que trabalhava o dia todo, para suprir a falta paterna, mesmo que apenas materialmente. Assim Jô, quando não estava na escola, ficava em casa com sua avó, que se esforçava muito para dar atenção, suprir as necessidades de seus netos, apesar das limitações da idade.Ela dizia sempre: "já estou velha, me falta paciência às vezes!"

Após inúmeros episódios, como bater nos colegas, fugir da sala, responder à professora de forma imprópria, conheço o tão falado Jô. Quando o vi mal acreditei que se tratasse daquela criança que falavam, pequenino, tímido, com cara de desconfiado, mas com olhos

Da teoria à prática * 99

ávidos. Jô logo que entrou na sala, percorreu com os olhos todos os espaços, parece que só fui notada após alguns minutos.

- Oi, Jô, tudo bem com você? Esta foi a minha primeira pergunta, que pareceu soar estranho naquele ouvido de criança.Ele me olhou e disse:

- Ah, sim e aí posso brincar com aqueles brinquedos?

Após eu ter dito que sim, metade da estante , em que ficavam os materiais lúdicos, estava no chão. Jô andava a sala toda, fazia muitas perguntas, sempre sem olhar em meus olhos e confesso que estava um pouco atordoada, sem saber como chegar àquela criança.

Foi quando Jô abriu um armário e, de lá, tirou um dominó: "Legal, vamos jogar?"

– Vamos sim, senta aqui comigo? Sentou por uns minutos, explicou que já vira outras pessoas jogando, disse saber jogar, mas logo foi se levantando e mexendo no que restava da prateleira.

E fiquei ali, andando atrás dele, parei e resolvi voltar ao meu lugar, comecei a falar o motivo da presença dele naquela sala, só tinha como respostas murmúrios, mas continuei, foi então que, em dado momento, Jô se senta na minha frente e fala:

– Eu tô aqui porque não sei nada, e minha cabeça não é boa não!

– Não sabe o quê?

– Ah...fazer lição! Também aquela professora é chata, fica gritando!

Nosso diálogo continuou, enquanto falava percebi que Jô mexia suas pernas, uma de suas mãos segurava peças do dominó, seu olhar parecia distante, mas lá estava ele respondendo a tudo o que lhe era perguntado. Como de costume aproveitei para fazer uma sondagem pedagógica –o professor pode, através da teoria de Emilia Ferrero, saber em que fase da escrita o educando se encontra, dando-lhe verbalmente um rol de palavras para serem escritas e posteriormente lidas de forma espontânea.

Inicialmente Jô verbalizou não saber escrever, mas, após ouvir que poderia fazer do jeito dele, iniciou sua escrita e, a partir daí, constatei que ele se encontrava na fase pré-silábica. Segundo mapa realizado periodicamente nas escolas estaduais, muitos alunos, atualmente dentro do sistema de progressão continuada, passam para o segundo ano do primeiro ciclo, sem estarem alfabetizados. Motivos diversos englobam esta realidade, desde respeitar a fase e as potencialidades do aluno, trabalhando a defasagem de conteúdo no próximo ano, até alunos que, por conta da idade, acabam entrando no sistema em um ciclo, mesmo sem terem cursado outro anteriormente.

Jô fazia parte desses alunos, que necessitavam ter suas especificidades mais bem trabalhadas. Embora, no primeiro encontro, a sondagem da escrita tenha atestado que ele se achava na fase pré-silábica, em matemática fez cálculos simples mentalmente e sem apoio, na atividade de esquema corporal, já produziu um esquema bem próximo do real. O que considerei bem plausível com relação a crianças da mesma faixa etária, claro que levando em conta o sistema em que ele esteve inserido de progredir continuadamente em seus estudos formais.

Tendo encerrado o horário de atendimento, perguntei se havia gostado de estar ali, obtive uma resposta favorável quando perguntou se poderia voltar outras vezes. Como de praxe disse que sim, porém tinha que consultar seus familiares. A partir daí fui em busca de saber um pouco mais sobre o histórico daquela criança. Enviei uma convocação aos seus familiares.

No horário e dia marcado, a mãe de Jô não pôde comparecer, mas enviou a avó para falar sobre o neto. Apesar da riqueza de informações que pude levantar através da avó, a presença materna se faz imprescindível para a entrevista , pois informações como o período gestacional até a entrada no ensino formal geralmente são mais bem respondidas pelas mães. Esta entrevista se aproxima muito da anamnese, utilizada em processos terapêuticos, no entanto por conta do foco e das áreas serem diferentes, as perguntas específicas são também diferentes. Após esta entrevista, o familiar tem que assinar um termo de compromisso, em que consta horário e data de comparecimento.

A avó se colocou como responsável pela criança na ausência da mãe, foi logo apontando os problemas do aluno, a falta de paciência que tem com ele e o descrédito em uma possível mudança. Falava rápido, preferiu permanecer em pé, dizendo que seu tempo era bem restrito. Conversamos o possível, e dentre outras informações da dinâmica familiar em relação ao aluno, fiquei com a promessa da mãe comparecer na mesma semana à escola para conversarmos.

A presença da mãe demorou aproximadamente duas semanas além do combinado, aproveitei para conhecer a professora da sala regular e saber um pouco mais sobre o Jô em sala de aula. Logo a professora relatou as peraltices de Jô, os termos utilizados, o quanto se fazia necessário um acompanhamento.

Apesar da clareza da professora quanto ao acompanhamento, estávamos iniciando o mês de abril, sua atitude perante a criança estava sendo de desligamento, pedia para Jô sair da sala, "vai dar uma volta e só volte quando estiver mais calmo". Nestas voltas, Jô fazia amigos, traquinagens e assim ficara conhecido pela equipe escolar. Era frequentador assíduo da sala da coordenação, porém não permanecia muito tempo por lá, pois "também não parava quieto", dizia a coordenação.

Em seu caderno não se encontrava nem o cabeçalho que geralmente era pedido para ser feito em casa, para que, segundo os professores, fosse possível dar conta do conteúdo. Sentava em uma carteira no fundo da sala, seu material ficava espalhado pelo chão e até seu vestuário geralmente estava torto e desordenado.

102 ✱ TDAH - Inclusão nas escolas

Chegado o grande dia, a mãe entra na minha sala com cara de desconfiada, vai dizendo que precisa falar rápido, que ainda vai trabalhar. E, com este quadro, começo a entrevista. Em um campo de informações complementares, tenho como dado que o aluno foi diagnosticado como hiperativo e que fazia uso de medicação. Naquele momento, pensei ótimo, com o diagnóstico fechado será mais fácil a intervenção, porém estava desconsiderando o rótulo, que o aluno já possui e sua confirmação através daquela informação. Concomitante com o aluno, teria de trabalhar com os profissionais que o atendem e sua família. Além de ter o cuidado de não fazer deste diagnóstico um perfil definido, em que a individualidade e todas as áreas que a compreendem no ser humano fossem postas de lado, para enquadrá-lo num estereótipo.

Ficou claro que a família confirmava a inabilidade e o julgamento do comportamento do aluno como impróprio pelos professores. Além da falta de confiança e vontade em alterar a realidade.

Com toda parte burocrática constituída, só faltava me organizar para atendê-lo da melhor forma. Nunca tinha trabalhado com uma criança hiperativa, não possuía especialização na área, porém minha formação em pedagogia habilitada em deficiência mental alargou meu olhar para o trabalho com a diversidade. E fui então fazer um plano de aula, pensando na questão de como atender a diferença de forma igualitária. Qual seria o canal de comunicação, a via de acesso para chegar a esta criança. Colocaria o aluno em um grupo, atenderia individualmente? Qual seria o melhor horário? Estas questões, dentre outras, não foram respondidas de imediato, foram alteradas ao longo do atendimento.

De início, procurei saber qual era o interesse do aluno. Jô refletia os adultos a sua volta, no meio de tantos brinquedos, jogos, recursos visuais e plásticos, não demonstrava interesse por nada de forma espontânea. Apenas um canal estava aberto, a comunicação oral, e foi por esta via que iniciei o trabalho.

Da teoria à prática * 103

O tempo de Jô na sala de recursos era de duas horas, duas vezes por semana, sendo inicialmente atendido individualmente. Durante os primeiros quinze dias, Jô vinha à sala para falar. Contava o que tinha feito em casa, o que aprontava com colegas e professoras, sempre andando, mexendo em tudo, chegando até a quebrar brinquedos de tanto apertá-los, enquanto relatava seus fatos. Ainda não me sentia satisfeita e a ansiedade tomou conta de meu trabalho, voltava me perguntando aonde chegaria com este trabalho. As reclamações de Jô continuavam e agora com o rótulo confirmado, também é hiperativo e sou apenas a professora.

E o pior, era simplesmente uma professora, portanto tinha só que ensinar, constatação óbvia, porém complexa para quem vivencia um caso semelhante. O que eu tinha era: uma via de acesso à aprendizagem pela comunicação; a confiança que ele depositava em mim, já que Jô me relatava até suas traquinagens; a vontade dele de frequentar minhas aulas;e um diagnóstico que me permitiu pesquisar mais sobre a área; em contrapartida, a professora que o queria longe de sua sala, a família que só não queria ter de ir buscá-lo todos os dias na escola por mau comportamento, e o tempo de dedicação para Jô que era escasso.

E diante deste quadro percebi que tinha tudo, primeiramente controlar a ansiedade, respeitando o tempo do educando e não o tempo do ano letivo, fechamento bimestral e amostragens dos progressos dos alunos. Comecei a refletir a respeito de por que Jô estava sempre interessado em vir e permanecer nas minhas aulas, confesso que, a princípio, cheguei a achar que ele gostava da sala, porque não fazia nada, tendo como parâmetro as aulas da sala regular. Mas ele fazia, conversava, assim ordenava pensamentos, resgatava memória de curta e longa duração, enquadrava-se em um tempo estabelecido, focava a atenção no interlocutor, respeitava regras e limites da sala e, mesmo que em um curto período de tempo, já executava algumas atividades até seu término.

104 ✳ TDAH - Inclusão nas escolas

E o que considero mais importante para sua evolução: era valorizado, tinha alguém para escutá-lo, para perguntar e não só reprimir ou punir. Suas relações na escola tinham sido até o momento de opressão, constrangimentos, desvalorização e que, quando admitidas também pela família, refletiam atitudes que ora buscavam confirmar o que todos colocavam como certo, ora como um pedido de atenção.

Assim fui introduzindo em nossa rotina combinados, que foram tirados do aluno, fazíamos juntos algumas atividades lúdicas e depois atividades de apoio pedagógico. Com jogos como o dominó e memória foram trabalhados regras, a tolerância à frustração, o tempo de permanência sentado em sala. Entre os muitos conteúdos necessários ao aprendizado nas áreas do conhecimento, foram estimulados:a memória, a antecipação vinda das estratégias utilizadas em jogos, o raciocínio lógico, dentre outros.

Após ter estabelecido uma rotina, em que o aluno pode se organizar, como sentar, saber utilizar e guardar materiais, ter a rotina do dia na lousa (na tentativa de não o deixar ansioso), poder falar, ter seu tempo respeitado, porém sempre sendo aumentado e deixando-o alerta quanto a isto, utilizar da ludicidade para o aprendizado e introduzir aos poucos as matérias de apoio pedagógico, Jô já se encontrava silábico com valor sonoro.

Além deste atendimento, a sala regular também teve de passar por modificações. Diante da falta de vontade de fazer adaptações curriculares, Jô mudou de turno e consequentemente de professora. Apesar de particularmente discordar da mudança, o novo horário e o fato da nova professora nunca ter ouvido falar do caso contribuíram significativamente para o aprendizado de Jô. Já não sentava mais no fundo da sala, sua carteira foi pensada de forma que sua atenção não fosse desviada, chegou à sala silábico com valor sonoro, ou seja, estava "à frente" de muitos de seus colegas, e a professora se colocou à disposição para adaptar se necessário o conteúdo trabalhado às particularidades do novo aluno. O rótulo tinha ficado em outro perí-

Da teoria à prática * 105

odo, mas ainda faltava trabalhar com a familia dele, que considerava irrelevantes os avanços obtidos até então pelo educando.

Neste contexto, foi solicitada à coordenação que não mais chamasse a família da criança em caso de mau comportamento. Que fossem estabelecidas regras em que cada rompimento teria uma sanção e cada resposta positiva seria valorizada. Jô passou a ser chamado para mostrar seu caderno à coordenação, além dos reforços positivos vindos de incentivos verbais, seu tempo na execução da tarefa também foi mais bem administrado. Os familiares passaram a ser convidados, não mais convocados. E a cada convite se buscava ressaltar a importância de valorizar e auxiliar a aprendizagem de Jô, o respeito ao ritmo do aluno e ao esclarecimento do que venha a ser um aluno que tenha o diagnóstico de TDAH com predomínio de hiperatividade.

Durante os encontros, a mãe, que inicialmente parecia não se preocupar com a situação do filho, apresentou sua insegurança quanto ao diagnóstico, tinha muitos medos, mitos e fantasias, confessou não ter sido orientada e sentia-se constrangida em falar sobre o assunto. Com estes dados pude desfazer alguns enganos, orientá-la dentro da minha área e fazê-la perceber o quanto ele precisava de um voto de confiança para restabelecer a autoestima para que pudesse progredir na escola.

Ou seja, foi um trabalho processual, de encontros e desencontros, em que precisei construir e reconstruir saberes– a rotina e os saberes da equipe escolar também tiveram que ser alterados.

Com todo o quadro das relações estabelecidas com Jô modificadas, demos continuidade ao trabalho. Pude perceber que Jô voltava a repetir as formas de se relacionar com o aprendizado, seu aprendizado não era linear no sentido de estar sempre ascendendo, ao contrário, oscilava sempre, trazendo a sensação de que ele não se apropriava de alguns conhecimentos. Coloco uma ressalva neste trecho, por acreditar que a falta de um olhar atento a estas peculiaridades apresentadas pode confundi-las com déficit cognitivo, pois o aluno

106 ✴ TDAH - Inclusão nas escolas

parece não reter e tampouco assimilar informação. No entanto, com o passar do tempo, o êxito acadêmico é observado, mas necessita de um tempo e acompanhamento.

O acompanhamento foi feito através de pauta de observação, em que foi registrado de forma descritiva o dia escolar do aluno, em que os objetivos do aluno e do professor servirão de reflexão para o fechamento da pauta do dia e, se necessário, reconstrução e/ou repetição de objetivos.

Neste registro o tempo do professor também pode ser mais bem administrado, levando em conta as questões burocráticas do aproveitamento escolar, que, bimestralmente, é traduzido em nota. Nota que, para o aluno de sala de recurso, tem pesos e medidas diferenciadas, já que ele pode evoluir muito, porém nem sempre adequadamente dentro do sistema, se comparadas as notas ao conteúdo respectivo do ciclo. Isso não quer dizer que este aluno sempre estará em uma defasagem segundo o sistema, mas que foi de fato recuperado, com o apoio necessário para progredir para o novo ciclo.

Jô foi adquirindo cada vez mais confiança, até sua postura corporal foi modificada, olhava nos olhos, não mais para o chão. Explicava as situações, pedia ajuda e não mais frequentava a sala da coordenação por traquinagens.

Após iniciar seu processo de alfabetização, foi inserido em um grupo de oito crianças na sala de recursos. Em que todos não estavam alfabetizados, porém estavam em fases diferentes. Após a inserção, Jô adota uma postura de auxiliar de seus colegas, principalmente dos mais novos. O que contribuiu para que desenvolvesse a leitura e a escrita.

No mês de outubro após sondagem, Jô já estava alfabetizado e letrado, conseguindo ler e interpretar diferentes portadores de textos. Fez um grupo de amigos, ganhava elogios não só da professora da sala regular, que para ele parecia de extrema importância, mas também de sua família, que mudou de postura em relação à criança e, de certa forma, começou a dedicar mais tempo ao jovem.

Jô continuou a frequentar a sala de recursos, onde pôde desenvolver muito mais do que aprendizados acadêmicos e, assim, todos, em parceria, viveram felizes!

O que fica desta história, é que nem sempre estamos preparados, nem sempre a maré está a favor, mas, quando somos profissionais e nos comprometemos com nosso trabalho, temos que buscar uma forma, que sempre mudará conforme o contexto, de fazer o nosso melhor. E o nosso melhor é apenas desempenhar o nosso papel de forma responsável.

CAPÍTULO 7

CONSIDERAÇÕES FINAIS

Devemos reconhecer que, apesar de nosso entendimento a respeito do TDAH tenha avançado muito nas últimas décadas, crianças com este transtorno todavia encontram dificuldades relevantes para o êxito escolar (DUPAUL; STONER, 2007).

A partir desta pesquisa pude constatar que há uma excelente estruturação no que diz respeito à área médica, por exemplo: medicações, etiologia, sintomas, prevalência, etc. No entanto, quando o assunto envolve o âmbito educacional, infelizmente existem poucos trabalhos científicos; consequentemente isto resultou na restrição desta pesquisa a pouquíssimos autores. Certamente poderia ter sido mais bem embasada caso houvesse uma diversidade maior de trabalhos, ampliando assim o meu levantamento bibliográfico.

É preciso ressaltar que uma boa parte das pesquisas a respeito de intervenções se concentra na manipulação de consequências para alterar o comportamento de estudantes com TDAH. Já as informações para amenizar os comportamentos problemáticos e para melhorar o desempenho acadêmico são escassas [...] Muitas intervenções que obtêm bons resultados em um paradigma de pesquisas não são vistas como muito práticas, especialmente quando inseridas em salas de aula de educação geral. Portanto, necessitamos descobrir maneiras de aumentar a aceitação das intervenções eficazes. Não basta estabelecermos a eficácia de determinado tratamento; é preciso também saber se ele é aceitável para os "consumidores" (isto é, professores, pais e alunos) dessas intervenções [...] (DUPAUL; STONER, 2007).

Contudo, fica aqui a minha sugestão para que outras pessoas aceitem o desafio de realizar mais trabalhos científicos tendo como eixo norteador as implicações atreladas aos portadores de TDAH no contexto educacional.

REFERÊNCIAS BIBLIOGRÁFICAS

Referências Bibliográficas ✳ 115

ANDRADE, Enio Roberto de. *Quadro clínico do Transtorno de Déficit de Atenção e Hiperatividade. In: Princípios e práticas em TDA/H.* Porto Alegre: Artmed, 2002.

ANDRADE, E. R.; SCHEUER, C.; ROCCA, C. C. A.; PANTANO, T.. Transtorno do déficit de atenção/hiperatividade e a atividade motora para a escrita: relato de um caso tratado com metilfenidato. *Revista Neuropsiquiátrica da Infância e Adolescência*, n. 8, p. 5-12, 2000.

ARAÚJO, Alexandra P. de Queiroz Campos. Avaliação e manejo da criança com dificuldade escolar e distúrbio de atenção. *Jornal de Pediatria*, vol. 78, Supl. 1, p. 104-110, 2002.

BARKLEY, Russell A. *Transtorno de Déficit de Atenção/Hiperatividade (TDAH): guia completo para pais, professores e profissionais da saúde.* Tradução de Luís Sérgio Roizman. Porto Alegre: Artmed, 2002.

BARROS, Juliana M. Gramatico. *Jogo infantil e hiperatividade.* Rio de Janeiro: Sprint, 2002.

BELFORT, E. J. G. Déficit de atención – intervenciones terapêuticas. *Revista Neuropsiquiátrica da Infância e Adolescência*, n. 7, p. 18-24, 1999.

BENCZIK, Edyleine B. P. *Transtorno de Déficit de Atenção/Hiperatividade: Atualização Diagnóstica e Terapêutica.* São Paulo: Casa do Psicólogo, 2000.

BERTOCHI, Magda B; MATAS, Carla Gentile. Audiometria de tronco cerebral em crianças com transtorno do déficit de atenção com hiperatividade (TDAH)/ Auditory brainstem responses in children with attention deficit hyperactive disorder (TDAH). *Temas desenvolvimento*; 9(51): p. 36-40, 2000.

BIAGGI, Héctor Roberto. Transtorno por déficit de la atención. Un resumen actualizado. http://www.alcmeon.com.ar/5/18/a18_05.htm. Acesso em: 10 fev. 2004.

CARLINI, Elisaldo A.; NAPPO, Solange A.; NOGUEIRA, Vagner.; NAYLOR, Fernando G. M.. Metilfenidato: influência da notificação de receita A (cor amarela) sobre a prática de prescrição por médicos brasileiros. *Revista de Psiquiatria Clínica*; 30(1): p. 11-20, 2003.

DSM-IV – *Manual diagnóstico e estatístico de transtornos mentais*. Tradução de Dayse Batista. 4. ed. Porto Alegre: Artes Médicas, 1995.

DUPAUL, George J.; STONER, Gary. TDAH *nas escolas – Estratégias de Avaliação e Intervenção*. São Paulo: M. Books do Brasil Editora Ltda., 2007.

FOSSELLA JA; SOMMER, T; FAN, J; PFAFF, D; POSNER, MI. Synaptogenesis and heritable aspects of executive attention. *Ment Retard Dev Disabil Res Rev*, 9, p. 178-83, 2003.

GREVET, Eugênio H.; ROHDE, Luis A.. *Diretrizes e algoritmo para o tratamento do transtorno de déficit de atenção/hiperatividade na infância, adolescência e idade adulta*. Porto Alegre: Artmed, 2005.

GUITMANN, G.; MATTOS, P.; GENES, M. O uso da venlafaxina no tratamento do transtorno do déficit de atenção e hiperatividade. *Revista de Psiquiatria Clínica*; 28, p. 243-247, 2001.

HALLOWELL, Edward M.; RATEY, John J.. *Tendência a distração: identificação e gerência do distúrbio do déficit de atenção (DDA) da infância à vida adulta.* Tradução de André Carvalho. Rio de Janeiro: Rocco, 1999.

KAPLAN, Harold I., SADOCK, Benjamin J. *Tratado de Psiquiatria.* 6a ed. Porto Alegre: Artmed, 1999.

MATTOS, Paulo; SEGENREICH, Daniel; SABOYA, Eloisa; LOUZÃ, Mário; DIAS, Gabriela; ROMANO, Marcos. Adaptação transcultural para o português da escala Adult Self-Report Scale para avaliação do transtorno de déficit de atenção/hiperatividade (TDAH) em adultos. *Revista de Psiquiatria Clínica*; 33(4), p. 188-194, 2006

MULAS, F.; ROSELLÓ, B.; A. MORANT.; HERNANDEZ, S.; PITARCH, I.. Efectos de los psicoestimulantes en el desempeño cognitivo y conductal de los niños com déficit de atención e hiperctividad subtipo combinado. *Revista de Neurologia*, n. 35, p. 17-24, abril. 2002.

PASTURA, Giuseppe Mário C.; MATTOS, Paulo; ARAÚJO, Alexandra P. Q. Campos. Desempenho escolar e transtorno do déficit de atenção e hiperatividade. *Revista de Psiquiatria Clínica* 32(6), p. 324-329, 2005.

PHELAN, Thomas W.. TDA/TDAH – *Transtorno de Déficit de Atenção e Hiperatividade*. São Paulo: M. Books do Brasil Editora Ltda., 2005.

PENNINGTON, Bruce F. *Diagnóstico e Distúrbio de Aprendizagem*. São Paulo: Ed. Pioneira, 1997.

PETRIBÚ, Kátia.; VALENÇA, Alexandre Martins.; OLIVEIRA, Irismar Reis de. Transtorno de déficit de atenção e hiperatividade em adultos: considerações sobre o diagnóstico e o tratamento/ Attention-deficit/hyperactivity disorder in adults: diagnosis and treatment approachment. *Neurobiologia*. 62, p. 53-60, jan./dez. 1999.

RATEY, John J. *O cérebro um guia para o usuário*. Rio de Janeiro: Objetiva, 2002.

ROHDE, Luís Augusto.; BENCZIK, Edyleine B. P. *Transtorno de Déficit de Atenção/Hiperatividade: O que é? Como ajudar?* Porto Alegre: Artmed, 1999.

ROHDE, Luís Augusto.; BARBOSA, Genário.; TRAMONTINA, Silzá.; POLANCZYK, Guilherme. Transtorno de déficit de atenção/hiperatividade. *Revista Brasileira de Psiquiatria*. São Paulo, v. 22 s.2. dez. 2000.

ROHDE, Luís Augusto.; CONSTANTINO, Eurípedes; FILHO, Miguel; BENETTI, Lúcia; GALLOIS, Carolina; KIELING, Christian. Transtorno de déficit de atenção/hiperatividade na infância e na adolescência: considerações clínicas e terapêuticas. *Revista de Psiquiatria Clínica*; 31(3), p. 124-131, 2004.

ROMAN, T.; ROHDE, Luis Augusto.; HUTZ, Maria Helena. *Genes de suscetibilidade no transtorno de déficit de atenção e hiperatividade.* Programa de Pós-Graduação em Genética e Biologia Molecular da UFRGS, 2001.

SEGENREICH, Daniel; MATTOS, Paulo. Eficácia da bupropiona no tratamento do TDAH. Uma revisão sistemática e análise crítica de evidências. *Revista de Psiquiatria Clínica*; 31(3), p. 117-123, 2004.

SIMPÓSIO NACIONAL SOBRE DISTÚRBIOS DE APRENDIZAGEM, 6., 2002, São Paulo.

SCHWARTZMAN, José Salomão. *Transtorno de Déficit de Atenção.* São Paulo: Memnon, 2001.

SOUZA, Ana Lúcia Gonçalvez Torres de. *Avaliação do Desempenho de Portadores do Transtorno de Déficit de Atenção/Hiperatividade por Instrumento Computadorizado de Reabilitação Cognitiva (PSS CogReHab).* 2002. 55 f. Dissertação (Mestrado em Distúrbios do Desenvolvimento) – Curso de Pós-Graduação, Universidade Presbiteriana Mackenzie, São Paulo, 2002.

SOUZA, Isabella.; SERRA, Maria Antônia.; MATTOS, Paulo.; FRANCO, Vanessa Ayrão. Comorbidades em crianças e adolescentes com transtorno do déficit de atenção. *Arquivo da Neuropsiquiatria*. 59, p. 401-406, 2001.

TOPOZEWSKI, Abram. *Hiperatividade como lidar?* São Paulo: Casa do Psicólogo, 1999.

ucação Multicultural
ria e Prática para Professores e
tores em Educação

oras: *Ana Canen /*
ela Rocha dos Santos

páginas - 1ª edição - 2009

nato: 14 x 21

N: 978-85-7393-775-6

resente livro é resultado de reflexões desenvolvidas a partir da
zação de um curso de formação continuada de professores e gestores
ede pública do Estado do Rio de Janeiro. Trata-se, pois, de fruto de
eriência bem sucedida de ação de extensão universitária na formação
ducadores.
s perspectivas constituem o fio condutor do trabalho. O primeiro eixo
perspectiva multicultural em educação. Nessa visão, entendemos os
es educacionais como sujeitos portadores de cultura, circulando em
textos institucionais plurais. O segundo eixo trata de articular reflexões
icas do campo com questões, atividades, estudos de caso e ações
ostas para o "chão da escola", entendendo os atores educacionais
o pesquisadores em ação, em contraposição a meros receptores de
eres acabados e hierarquizados.
iginalidade do trabalho dá-se em duas perspectivas. Primeiro, na medida
que temas polêmicos da educação – tais como o papel dos atores
lares, educação inclusiva, avaliação, currículo, tecnologia educacional,
ções interpessoais e a construção de projeto político-pedagógico – são
rdados em termos de sua articulação com a diversidade cultural de
os, professores, escolas e contextos institucionais plurais. Segundo, na
e de estudos de caso retirados de situações reais, bem como propostas
tividades de diagnóstico e de ação, que podem ser utilizadas em oficinas
escolas e nos cursos de formação docente.

À venda nas melhores livrarias.

Comportamento Adolescente
Rebeldia ou Doença?

Autoras: Andréia Lígia Vieira Correia / Catherine Rozy Vieira Gonzaga

112 páginas - 1ª edição - 2009

Formato: 16 x 23

ISBN: 978-85-7393-763-3

Comportamento Adolescente: Rebeldia ou Doença é uma obra destinada aos pais e aos responsáveis por conta das afiliações de muitos jovens no processo de amadurecimento de suas vidas, desde as chamadas esquisitices até os comportamentos que a ciência médica denomina transtornos de personalidades, bastante comuns e envolvendo a violência, a sexualidade, o álcool, as drogas etc.

Analisa ainda os comportamentos limítrofes dos adolescentes, como a timidez, a ansiedade, os excessos ou a recusa alimentar, o hábito compulsivo do jogo e da Internet, ou as disputas entre irmãos, e mesmo com os pais.

As autoras discutem esses temas com o objetivo de orientar todos os interessados na busca da compreensão dos problemas expostos e na formulação das estratégias a adotar, diante de sua recorrência, inclusive quanto à necessidade de procurar apoio médico, quando necessário.

Trata-se de uma obra fundamental para os pais de família que tiveram a ventura de produzir uma prole, e os responsáveis não-paternos, que ainda têm um papel importantíssimo a cumprir no encaminhamento de seus filhos e dependentes jovens a um destino saudável.

À venda nas melhores livrarias.

Impressão e acabamento
Gráfica da Editora Ciência Moderna Ltda.
Tel: (21) 2201-6662